जाति-व्यवस्था और पितृसत्ता

जाति-व्यवस्था और पितृसत्ता

पेरियार ई.वी. रामासामी

सम्पादक

प्रमोद रंजन

राधाकृष्ण प्रकाशन

ISBN 978-81-8361-963-9

जाति-व्यवस्था और पितृसत्ता
हिन्दी संस्करण © प्रमोद रंजन

पहला संस्करण : 2020
दूसरा संस्करण : 2022

मूल्य : ₹495
प्रकाशक
राधाकृष्ण प्रकाशन प्राइवेट लिमिटेड
जी-17, जगतपुरी, दिल्ली-110 051
शाखाएँ : अशोक राजपथ, साइंस कॉलेज के सामने, पटना-800 006
पहली मंजिल, दरबारी बिल्डिंग, महात्मा गांधी मार्ग, प्रयागराज-211 001
36 ए, शेक्सपियर सरणी, कोलकाता-700 017
वेबसाइट : www.radhakrishnaprakashan.com
ई-मेल : info@radhakrishnaprakashan.com

मुद्रक
बी.के. ऑफसेट
नवीन शाहदरा, दिल्ली-110 032

JATI VYAVASTHA AUR PITRI SATTA
by Periyar E.V. Ramasamy
Edited by Pramod Ranjan.

क्रम

सम्पादकीय : हिन्दी पट्टी में पेरियार 7

बुद्धिवाद : पाखंड व अन्धविश्वास से मुक्ति का मार्ग 15

महिलाओं के अधिकार 22

पति-पत्नी नहीं, बनें एक-दूसरे के साथी 28

जाति-व्यवस्था 31

जाति के बारे में 34

जाति-व्यवस्था की कार्यपद्धति 39

ब्राह्मणों को आरक्षण से घृणा क्यों? 44

जाति और चरित्र 47

जाति-व्यवस्था का क्षय हो 51

परिशिष्ट

पेरियार : जीवन का वर्षवार लेखा-जोखा 63

पेरियार के सुनहरे बोल 85

महिलाएँ उन्हें कहती थीं पेरियार (महान) —*ललिता धारा* 96

सामाजिक परिवर्तन के आन्दोलनों में पेरियार का स्थान
—*टी. थमराईकन्नन* 101

पेरियार के राजनीतिक विचार : प्रयोग और प्रभाव
—*वी. गीता व एस.वी. राजादुरै* 106

आंबेडकर और पेरियार की बौद्धिक मैत्री —*वी. गीता* 130

परिचय 148

हिन्दी पट्टी में पेरियार

'हिन्दी पट्टी में पेरियार' विषय पर बात करनी हो तो, एक चालू वाक्य को उलटकर कहने पर बात अधिक तथ्यगत होगी। वह यह कि पेरियार के विचार हिन्दी की दुनिया में परिचय के मोहताज हैं! उत्तर भारत, दक्षिण भारत के महान सामाजिक क्रान्तिकारी, दार्शनिक और देश एक बड़े हिस्से में सामाजिक-सन्तुलन की विधियों और राजनीतिक संरचना में आमूलचूल परिवर्तन लाने वाले ईवी रामासामी पेरियार (17 सितम्बर, 1879—24 दिसम्बर, 1973) के बौद्धिक योगदान के विविध आयामों से अपरिचित है। यह सुनने में अजीब है, लेकिन सच है।

जबकि स्वयं पेरियार चाहते थे कि उनके विचार उत्तर भारत के प्रबुद्ध लोगों तक पहुँचे। उन्होंने अपने जीवनकाल में उत्तर भारत के कई दौरे किए और विभिन्न जगहों पर भाषण दिए। इस दौरान उन्होंने अपने कुछ लेखों व एक पुस्तक को हिन्दी में प्रकाशित करने का अधिकार भी उत्तर प्रदेश के दो प्रमुख बहुजन कार्यकर्ताओं, क्रमशः चन्द्रिका प्रसाद जिज्ञासु और ललई सिंह को दिए थे। लेकिन वह बात सम्भव न हो सकी, जो पेरियार चाहते थे।

उत्तर भारत में आज भी पेरियार को मुख्य रूप से नास्तिक और हिन्दी विरोधी के रूप में जाना जाता है। यह गलत तो नहीं, लेकिन उनका एकांगी

चित्रण अवश्य है। उन्होंने धर्म के आधार पर होने वाले शोषण की कड़ी आलोचना की, लेकिन उसे तार्किक परिणति तक पहुँचाया। डॉ. आंबेडकर के बौद्ध धर्म स्वीकार करने का उन्होंने स्वागत किया और उसे ऐतिहासिक दिन बताया। इसी तरह उनका हिन्दी-विरोध सांस्कृतिक वर्चस्ववाद का विरोध था, जिसने बाद के वर्षों में दक्षिण और उत्तर भारत में राजनीतिक सन्तुलन बनाया। वे हिन्दी भाषा के विरोधी नहीं थे। इन चीजों से इतर पेरियार ने विवाह संस्था, स्त्रियों की आजादी, साहित्य के महत्ता और उपयोग, भारतीय मार्क्सवाद की कमजोरियों, गांधीवाद और उदारवाद की असली मंशा और पाखंड आदि पर जिस मौलिकता से विचार किया है, उसकी आज हमें बहुत आवश्यकता है। वे अपने काल तक ही सीमित नहीं थे, उनसे दृष्टि निरन्तर भविष्य पर बनी रही। विज्ञान और तकनीक भी उनके प्रिय विषय थे। यही कारण है कि आज के उत्तर सूचना-युग में भी हम उनकी भविष्यवाणियों को फलीभूत होते देख रहे हैं।

पिछले कुछ वर्षों में हिन्दी क्षेत्र के सामाजिक आन्दोलनों व अकादमियों में समाज के वंचित तबकों से बड़ी संख्या में लोग आए हैं। वे सिर्फ 'नास्तिक पेरियार' से परिचित हैं। हालाँकि उनके इस रूप के प्रति नई पीढ़ी में जबरदस्त आकर्षण भी है। लेकिन उसने वस्तुत: पेरियार को पढ़ा नहीं है। इस पीढ़ी के पास पेरियार के विचारों के बारे में कुछ सुनी-सुनाई, आधी-अधूरी बातें ही हैं।

यह स्वाभाविक है क्योंकि हिन्दी में न तो पेरियार का साहित्य उपलब्ध है, न उनकी मुकम्मल जीवनी। पेरियार पर केन्द्रित गम्भीर आलोचनात्मक लेखन हिन्दी में अभी भी उपलब्ध नहीं है।

सकते में डाल देने वाली इस कमी का अहसास मुझे वर्ष 2011 में हुआ था। उन दिनों मैं नई दिल्ली के जवाहरलाल नेहरू विश्वविद्यालय में अध्ययन कर रहा था। अपने एक लेख के लिए मुझे ई.वी. रामासामी पेरियार के विचारों को जानने की जरूरत महसूस हुई। लेकिन, यह जानकर हैरानी हुई कि 'सच्ची रामायण' के अतिरिक्त उनका कोई भी साहित्य हिन्दी में उपलब्ध ही नहीं है। 1970 में चन्द्रिका प्रसाद जिज्ञासु ने 'ई.वी. रामासामी पेरियार नायकर' नाम पेरियार के कुछ लेखों का हिन्दी अनुवाद प्रकाशित किया था। वह भी अनुपलब्ध था।

'सच्ची रामायण' का जो अनुवाद उपलब्ध था, वह भी शुद्ध नहीं था। अंग्रेजी से मिलान करने पर साफ पता चल रहा था कि कई स्थानों पर अनुवादक/प्रकाशक ने अपनी भावनाओं का समावेश किया है। इस दिशा में खोजबीन करने पर सच्ची रामायण के हिन्दी में प्रचार-प्रसार और राजनीतिक उपयोग-उपेक्षा के बारे कुछ अन्य रोचक जानकारियाँ भी मिलीं।

राम-कथा की व्याख्या पर केन्द्रित पेरियार की रामायण मूल रूप से तमिल में 1944 में छपी थी। तमिल में इसका नाम था—'रामायण पाथीरांगल (रामायण के चरित्र)' अंग्रेजी में यह 1959 में 'द रामायण : अ ट्रू रीडिंग' शीर्षक से प्रकाशित हुई, जिसका हिन्दी अनुवाद 'सच्ची रामायण' शीर्षक से किन्हीं रामाधार ने किया था; जो 1968 में प्रकाशित हुआ। हिन्दी में इसे अर्जक संघ से जुड़े लोकप्रिय सामाजिक कार्यकर्ता व लेखक ललई सिंह (1 सितम्बर, 1911—7 फरवरी, 1993) ने प्रकाशित किया था। बाद के वर्षों में वे स्वयं भी अपने प्रशंसकों के बीच 'पेरियार ललई सिंह' और उत्तर भारत के पेरियार के नाम से जाने गए।

उन्होंने सिर्फ इसे प्रकाशित ही नहीं किया बल्कि इसके प्रचार-प्रसार में भी कोई कसर नहीं छोड़ी, जिससे राम-पूजक उत्तर प्रदेश में हड़कंप मच गया। दिसम्बर 1969 में उत्तर प्रदेश सरकार ने इस किताब को (सिर्फ हिन्दी अनुवाद नहीं) हिन्दुओं की धार्मिक भावनाओं को आहत करने के आरोप में प्रतिबन्धित कर दिया और हिन्दी अनुवाद की प्रतियाँ जब्त कर ली। ललई सिंह यादव ने इसके खिलाफ लम्बी न्यायिक लड़ाई लड़ी। सुप्रीम कोर्ट ने 16 सितम्बर, 1976 के अपने फैसले में इस किताब पर प्रतिबन्ध को गलत बताया एवं जब्त की गई प्रतियाँ ललई सिंह को लौटाने का निर्देश दिया। लेकिन, कोर्ट के आदेश के बावजूद उत्तर प्रदेश सरकार ने 'सच्ची रामायण' से प्रतिबन्ध नहीं हटाया। 1995 में प्रदेश में पेरियार को अपने प्रमुख आदर्शों में गिनने वाले कांशीराम की बहुजन समाज पार्टी (बसपा) सत्ता में आई, तब जाकर इससे प्रतिबंध हटा। उस समय बसपा कांशीराम के हाथ में थी और वे दलित-ओबीसी नायकों का राजनीतिक उपयोग करने की रणनीति पर काम कर रहे थे।

लेकिन पेरियार के विचार तब भी हिन्दी भाषी जनता तक नहीं पहुँच सके। कांशीराम की मुख्य प्रतिबद्धता दलित समुदाय की राजनीतिक हिस्सेदारी के प्रति थी। उन्होंने पेरियार मेला का भी आयोजन किया। नायकों की मूर्तियों की स्थापना, मेलों का आयोजन आदि शीघ्र फल देने वाले बहुत महत्त्वपूर्ण काम थे। लेकिन कांशीराम से इन नायकों के मूल विचारों को जनता तक पहुँचाने का बीड़ा उठाने की उम्मीद करना अतिरेक ही कहा जाएगा। यह बीड़ा साहित्य और संस्कृति के क्षेत्र में काम कर रहे समतावादी कार्यकर्ताओं को उठाना चाहिए था। लेकिन यह नहीं हुआ।

यही कारण था कि 2007 में जब उत्तर प्रदेश में 'सच्ची रामायण' का एक बार फिर जोरदार विरोध हुआ था, तब बसपा को पेरियार से कन्नी काटनी पड़ी। विरोधियों के प्रश्नों का उसके पास सैद्धान्तिक उत्तर नहीं था। उस समय भी बसपा उत्तर प्रदेश की सत्ता में थी और मायावती ही मुख्यमंत्री थीं।

अक्टूबर 2007 में भारतीय जनता पार्टी ने बहुजन समाज पार्टी पर आरोप लगाया कि वह सरकार के सहयोग से 'सच्ची रामायण' का प्रचार-प्रसार कर रही है तथा बड़े पैमाने पर इसकी बिक्री की जा रही है। उस समय विधानसभा का सत्र चल रहा था। इसलिए यह मामला मीडिया में भी खूब गूँजा। भाजपा विधानमंडल दल के नेता ओमप्रकाश सिंह का कहना था कि "हिन्दू देवी-देवताओं के विरोधी तथा द्रविड़िस्तान की माँग करने वाले अलगाववादी पेरियार रामासामी की सरकार निन्दा करे तथा उन्हें महापुरुषों की श्रेणी में न माने।" इस पर तत्कालीन मुख्यमंत्री मायावती का उत्तर अप्रत्याशित था। मायावती ने कहा कि ''बसपा तथा सरकार का पेरियार की सच्ची रामायण की बिक्री से कोई लेना-देना नहीं है। भाजपा मामले का राजनीतिकरण कर रही है।''

भाजपा के विरोध और बसपा द्वारा पेरियार से रणनीतिक दूरी बना लेने की इस घटना का एक आश्चर्यजनक पक्ष भी था; जिसका पता इंडियन एक्सप्रेस की एक खबर से लगता है।

पत्रकार अलका पांडेय ने 7 नवम्बर, 2007 को इंडियन एक्सप्रेस में प्रकाशित अपनी खोजी रिपोर्ट में लिखा कि "जिस 'सच्ची रामायण' के

लिए भाजपा और बसपा एक-दूसरे पर आरोप-प्रत्यारोप लगा रही थीं उसकी प्रति न भाजपा के पास उपलब्ध है, न ही बसपा के पास। बसपा का सारा साहित्य बेचने वाले 'बहुजन चेतना मंडप' के पास भी यह किताब उपलब्ध नहीं है।'' भाजपा इस दौरान कई जगहों पर 'सच्ची रामायण' के दहन का आयोजन कर रही थी। लेकिन, "जलाने के लिए भी पार्टी के पास किताब की प्रति नहीं थी। उसने जिस किताब का दहन किया, वह किताब के कथित आपत्तिजनक अंशों की फोटोकॉपी थी।"

अखबार ने अपनी पड़ताल में पाया कि "सिर्फ बसपा से जुड़े स्टॉलों पर ही नहीं, बल्कि पूरे लखनऊ में किसी भी दुकान पर 'सच्ची रामायण' उपलब्ध नहीं है।'' लखनऊ के सबसे बड़े पुस्तक विक्रेता 'यूनिवर्सल बुक सेलर' ने भी अखबार को बताया कि "'सच्ची रामायण' कभी बिक्री के लिए उपलब्ध ही नहीं थी।"

वस्तुत: 'बैकवर्ड एंड माइनॉरिटी कम्युनिटीज इंप्लाइज फेडरेशन' (बामसेफ) से जुड़े 'मूलनिवासी प्रचार-प्रसार केन्द्र' तथा 'आंबेडकर प्रचार समिति' आदि ने 'सच्ची रामायण' की लाखों प्रतियाँ अपने समर्थकों-कार्यकर्ताओं के बीच वितरित की थीं। लेकिन, इसकी पहुँच न तो विश्वविद्यालयों तक हो सकी थी, न ही उन दुकानों तक, जहाँ कथित 'मुख्यधारा' की किताबें पढ़ने वाले लोग जाते हैं। यह कोई नई बात नहीं है। एक ओर बहुजन तबकों को ज्ञान की कथित मुख्यधारा से दूर रखने की कोशिश की जाती है, दूसरी ओर इन तबकों के पास उपलब्ध ज्ञान और उनके नायकों की यह सचेत उपेक्षा की जाती है।

बहरहाल, इन स्थितियों से चिन्तित होकर मैंने तमिलनाडु निवासी विश्वविद्यालय में अपने सहपाठी मनीवन्नन मुरुगेसन के साथ पेरियार ग्रंथावली हिन्दी में लाने की योजना बनाई थी। लेकिन, समस्या अनुवादकों की अनुपलब्धता की थी। तमिल से हिन्दी अनुवाद मिलना टेढ़ी खीर था। हमारे पास इसके लिए आर्थिक संसाधन भी बहुत सीमित थे। इसलिए उस समय हम इस दिशा में बहुत कम काम कर पाए।

2014 के मार्च महीने में मनीवन्नन ने बताया कि पेरियार साहित्य के गम्भीर अध्येता और प्रतिबद्ध पेरियारवादी टी. थमराईकन्नन तमिलनाडु से

दिल्ली आए हैं तथा मुझसे मिलना चाहते हैं। उस मुलाकात में थमराईकन्नन ने बताया कि वे हम लोगों द्वारा अंग्रेजी और हिन्दी में किए जा रहे बहुजन मुद्दों पर केन्द्रित पत्रकारिक काम से परिचित हैं तथा कोयंबटूर से पेरियार के विचारों पर आधारित एक पत्रिका के प्रकाशन की योजना पर काम कर रहे हैं। अक्टूबर, 2014 में उनके संगठन ने 'कात्तारू' नाम से पत्रिका का प्रकाशन आरम्भ किया। उन्होंने अक्टूबर 2015 में अपनी पत्रिका के पहले जन्मोत्सव पर मुझे आमंत्रित किया। वहीं प्रस्तुत पुस्तक शृंखला की ठोस योजना बनी।

थोड़े विषयांतर का खतरा मोल लेते हुए भी, उपरोक्त तमिल पत्रिका की विशिष्टता का उल्लेख कर देना यहाँ प्रासंगिक होगा।

कोयंबटूर से प्रकाशित 'कात्तारू' अपने कलेवर, विषयों के चुनाव आदि में यह एक श्रेष्ठ और गम्भीर मासिक पत्रिका है, जो आज भी नियमित प्रकाशित हो रही है। उत्तर भारत से जो साहित्यिक-वैचारिक अथवा दलित-बहुजन मुद्दों पर केन्द्रित लघु पत्रिकाएँ निकलती हैं, उनमें से अधिकांश के पीछे प्राय: कोई एक व्यक्ति मिशनरी भाव से जुड़ा होता है। कुछ मामलों में तो पत्रिका के माध्यम से स्वनामधन्य हो जाने की ख्वाहिश भी काम कर रही होती है। लेकिन, कोयंबटूर में 'कात्तारू' की युवा टीम इससे बिलकुल अलग थी।

'कात्तारू' में किसी एक व्यक्ति का नाम नहीं प्रकाशित होता है। सारा काम 'टीम' की ओर से किया जाता है। सबसे अधिक हैरान करने वाली बात है पत्रिका के प्रकाशन स्थल के निकटवर्ती गाँव-कस्बों के परिवारों का इससे जुड़ाव। उस वार्षिकोत्सव के दौरान 'टीम कात्तारू' ने मुझे बताया कि इससे आसपास के गाँवों के लगभग 500 परिवार जुड़े हैं, जिनके अनुदान से यह चलती है। समसामयिक मुद्दों की इस पत्रिका में कुछ पृष्ठ इन परिवारों में होने वाले जन्मदिन, विवाह व अन्य छोटी-बड़ी उपलब्धियों, शोक समाचार आदि के संक्षिप्त समाचारों व तस्वीरों के लिए सुरक्षित हैं। हिन्दी की लघु पत्रिकाओं में इसकी कल्पना भी हम नहीं कर सकते। पत्रिका के जिस समारोह में मैं शामिल हुआ था, उसमें पुरुषों के अतिरिक्त बड़ी संख्या में

किशोरियाँ, युवतियाँ, बहुएँ, बच्चे, बुजुर्ग महिलाएँ भी सक्रिय भागीदारी कर रही थीं। वे विविध वैचारिक मुद्दों पर सवाल पूछ रही थीं और वक्ताओं के भाषणों के बाद हस्तक्षेप कर रहीं थीं।

तमिलनाडु में पेरियार के विचारों के प्रभाव के कारण एक प्रगतिशील, समावेशी समाज बना है। पेरियार ने अपने आन्दोलन को महिलाओं से जोड़ने पर बहुत बल दिया था। इसके विपरीत, आज उत्तर भारत के सारे जातिवाद-विरोधी आन्दोलन मुख्य रूप से सिर्फ पुरुषों के आन्दोलन हैं। जो महिलाएँ इन आन्दोलनों में हमारे कन्धे-से-कन्धा मिला सकती थीं, उन्हें भी हमने विवश कर दिया है कि वे हमारे पुरुषवाद के विरोध में अपना अलग आन्दोलन चलाएँ। उत्तर भारत का 'दलित स्त्रीवाद' इसी का परिणाम है।

'कात्तारू' के उपरोक्त समारोह के दौरान थमराईकन्नन ने इस बात पर लगातार बल दिया कि जैसे भी हो, जल्दी से जल्दी हिन्दी में पेरियार का साहित्य उपलब्ध हो। वे इसके लिए अपने संगठन से आर्थिक संसाधन भी जुटाने के लिए तत्पर थे। मैंने उन्हें आश्वस्त किया कि मैं इसके लिए हरसम्भव कोशिश करूँगा। उसी आयोजन के दौरान तय हुआ कि पेरियार का कुछ साहित्य अंग्रेजी से ही अनूदित कर हिन्दी में प्रकाशित किया जाए और हम तमिल साथियों के सहयोग से अनुवाद को मूल के अधिकाधिक निकट लाने की कोशिश करें। कन्नन ने मुझे कुछ ही समय बाद पांडिचेरी विश्वविद्यालय में अंग्रेजी के प्राध्यापक टी. मार्क्स द्वारा अंग्रेजी में अनूदित पेरियार के लेखों व भाषणों के संग्रह 'ऑन कास्ट एंड रिलीजन' की पांडुलिपि हिन्दी अनुवाद के लिए उपलब्ध करवा दी, जिसके कुछ अंशों को इस शृंखला में शामिल किया गया है। शृंखला के अन्य हिस्सों को हमने अलग-अलग अंग्रेजी पुस्तकों व अन्य स्रोतों से चयनित किया है।

फिलहाल इसके तहत तीन किताबें एक साथ 'जाति-व्यवस्था और पितृसत्ता', 'धर्म और विश्व दृष्टि', तथा 'सच्ची रामायण' शीर्षक से प्रकाशित हो रही है। इनमें सम्बन्धित विषयों पर पेरियार के लेख और भाषण हैं। इसके अतिरिक्त सभी खंडों में सम्बन्धित विषय के अध्येताओं के आलोचनात्मक लेख तथा पेरियार के जीवन का वर्षवार लेखा-जोखा दिया गया है।

यह पुस्तक-शृंखला थमराईकन्नन के निरन्तर तकाजों के कारण ही सम्भव हो सकी। शृंखला में समाहित सामग्री का एक हिस्सा 'पेरियार के प्रतिनिधि विचार' शीर्षक से 'द मार्जिनलाइज्ड प्रकाशन' से वर्ष 2016 में प्रकाशित हुआ था। आज यह जिस रूप में प्रकाशित हो रही है, उसमें कई लोगों की भूमिका रही है। पुस्तक के अधिकांश लेखों का अनुवाद पत्रकार पूजा सिंह और अमरीश हरदेनिया ने किया है। ललई सिंह द्वारा प्रकाशित सच्ची रामायण का अंग्रेजी संस्करण से मिलान और पुनः पूरी पुस्तक का नया और सटीक अनुवाद, तमिल भाषा के शब्दों के सही भावार्थ को समझने के लिए तमिल भाषी साथियों से निरन्तर सम्पर्क एक बहुत श्रम साध्य काम था, जिसे मित्र अशोक झा ने अपनी अनेक व्यस्तताओं के बीच पूरी प्रतिबद्धता से पूर्ण किया।

'द मार्जिनलाइज्ड प्रकाशन' के निदेशक मित्र संजीव चन्दन, ग्राफिक डिजाइनर राजन कुमार, लेखक व अनुवाद ओमप्रकाश कश्यप, दलित चिन्तक कंवल भारती, युवा शोधार्थी धर्मवीर गगन के परामर्शों इसे समृद्ध किया है। इन सभी का आभार! मित्र डॉ. सिद्धार्थ जिस प्रकार इसके सम्पादन की पूरी प्रकिया में साथ बने रहे, उसके लिए आभार शब्द तो पर्याप्त नहीं ही होगा।

उम्मीद करता हूँ कि इन मित्रों के सहयोग से तैयार यह पुस्तक हिन्दी पाठकों के लिए उपयोगी साबित होगी और हम अब कह सकेंगे कि पेरियार हिन्दी पट्टी में भी परिचय के मोहताज नहीं हैं! हालाँकि यह सच है कि हिन्दी में पेरियार की मौजूदगी को बढ़ाने के लिए अभी काफी काम किया जाना है। उनके सम्पूर्ण वाङ्मय का सरल और सटीक हिन्दी अनुवाद होना चाहिए, वह भी सीधे तमिल से। तमिल और हिन्दी पट्टी के सांस्कृतिक अन्तर के कारण कई जगह अंग्रेजी से हिन्दी अनुवाद में चूक और अस्पष्टता बनी रहती है। इस किताब को तैयार करते हुए हमें इस कमी से निरन्तर जूझना पड़ा। उम्मीद है आने वाले वर्षों में यह सम्भव हो सकेगा।

फिर भी, जितना हो सका, उसका श्रेय उपरोक्त मित्रों को ही है, अगर कुछ कमियाँ हैं तो उसकी सारी जिम्मेदारी सिर्फ मेरी है।

—प्रमोद रंजन

बुद्धिवाद : पाखंड व अन्धविश्वास से मुक्ति का मार्ग

ऐसा क्यों है कि हम एक विदेशी से यह अपेक्षा करते हैं कि वह हिमालय पर्वत की ऊँचाई का पंता लगाए; जबकि हम यह दावा करते हैं कि हमने सात दुनिया ऊपर और सात नीचे की खोज कर ली है? ऐसा क्यों है कि हम भगवान नटराज के ब्रह्मांड नृत्य का विस्तार करने की क्षमता रखने का दावा करते हैं; पर इस सरल लाउडस्पीकर का निर्माण हमारे लिए पहेली बन जाता है? हमें वास्तव में इन पहलुओं पर विचार करना चाहिए। आपको अपने सामान्य ज्ञान को बढ़ाने के लिए तर्क का उपयोग करना आना चाहिए।

मनुष्य को इस दुनिया में अन्य प्राणियों से बेहतर माना जाता है। क्योंकि, उसने ज्ञान का उपयोग करते हुए काफी उन्नति की है। लेकिन, हमारे देशवासियों की स्थिति इस ज्ञान का उपयोग न करने के कारण बेहद खराब हो रही है। यह बताते हुए कि हमारी भूमि ज्ञान की भूमि है; हम टैंक और मन्दिर बनाते हैं; जबकि अन्य देशों में लोग अन्तरिक्ष में उड़ते हैं और पूरी दुनिया को आश्चर्यचकित करते हैं।

अन्य देशों में ज्ञान का सम्मान किया जाता है और उसी पर भरोसा किया जाता है और उसी को हर खोज का मूल आधार माना जाता है। लेकिन,

इस देश में लोग केवल ईश्वर में, धर्म में और इसी तरह के बकवास वाले अनुष्ठानों और समारोहों में विश्वास करते हैं।

तर्कवाद से पैदा हुआ ज्ञान ही असली ज्ञान है। क्या महज किताबी-ज्ञान ज्ञान हो सकता है? क्या कोई रट्टा लगाकर प्रतिभाशाली हो सकता है? ऐसा क्यों है कि उच्चतम बौद्धिक प्रतिभा वाले शिक्षित व्यक्ति और वे भी, जो विशेष रूप से विज्ञान में डिग्रीधारी हैं; एक पत्थर को देवता मानकर उसके आगे दंडवत् होते हैं? क्यों विज्ञान में महारत हासिल करने वाले विद्वान भी अपने पापों को धोने के लिए खुद को गन्दे पानी से मलते हैं? क्या उनके द्वारा पढ़े गए विज्ञान और गोबर तथा गोमूत्र के मिश्रण से अभिषेक करने के बीच कोई सम्बन्ध है?

रामायण और महाभारत से हवाई जहाज का सन्दर्भ दिया जाता है। लेकिन, उसे जादू की शक्ति से चलाया जाता है। अंग्रेजी साहित्य में भी हवाई जहाज का अर्थ बताया गया है। लेकिन, वह यांत्रिक शक्ति से उड़ता है। हमें अब क्या चाहिए? यांत्रिक ऊर्जा या जादुई शक्ति?

आइए, हम एक ही माता-पिता के दो बच्चों को लेते हैं; एक को इंग्लैंड में पालते हैं और दूसरे को अपने देश में। इंग्लैंड वाला बच्चा वैज्ञानिक दृष्टिकोण से सब कुछ देखेगा और अपने देश वाला दूसरा बच्चा सब कुछ धार्मिक दृष्टिकोण से सोचेगा।

हमारे देश में वर्तमान अराजकता और पतन का कारण यह है कि हमें अनुसंधान और विचार करने से रोका गया है और तर्क का प्रयोग करने पर हमारा दमन किया गया है।

आप किसी भी तरह से ईश्वर को मानो और किसी भी तरह के अच्छे इरादों से धर्म को मानो, परिणाम वही होगा। एक सुधारवादी ईश्वर और एक तर्कसंगत धर्म से आप एक अन्धविश्वासी ईश्वर और एक अन्धे धर्म से ज्यादा कुछ हासिल नहीं कर सकते।

जैसे ही मनुष्य के सामाजिक भले के लिए मशीनों का आविष्कार हुआ, मनुष्य को अतिरिक्त लाभ देने के लिए; उसका श्रम और समय बचाने के लिए; उन्हें पूँजीपतियों के नियंत्रण में मजदूरों को भूखा रखने

के लिए सौंप दिया गया।...और उन्होंने अपनी सन्तुष्टि और आराम के लिए लोगों को दुःख, गरीबी और चिन्ता में रखने के लिए गुलाम बना दिया।

ऐसी गतिविधियाँ, जो तर्कसंगत, बौद्धिक छानबीन और मानवीय जरूरतों के अनुरूप नहीं हैं; उन्हें प्रथाओं, परम्पराओं, देवताओं, धर्म, जाति और वर्ग या किसी अन्य के नाम पर नहीं चलाया जाना चाहिए।

आदमी के पास विवेक है। यह उसे जाँचने-परखने के लिए दिया गया है; न कि अन्धा जानवर बनने के लिए। मनुष्य विवेक का दुरुपयोग करके खुद को बहुत-सी परेशानियों में डाल लेता है। जैसे कि उसने अपनी परेशानियों के विरोध स्वरूप ईश्वर को बनाया है।

जीवन में अनिश्चितताएँ, अभाव के कारण असन्तोष और व्यक्तियों के बीच स्वार्थी प्रतिस्पर्धा; यदि ये किसी देश में मौजूद हैं, तो यह स्पष्ट है कि उस देश के लोगों के पास विवेक की पूर्ण शक्तियाँ नहीं हैं। जिस देश में लोग स्वतंत्र रूप से और सन्तुष्टि में रहते हैं, उससे पता चलता है कि वहाँ के नियम विवेकसम्मत हैं।

मनुष्य का मानना है कि उसे अपने बच्चों के लिए धन इकट्ठा करना चाहिए। उनके पास बुद्धि का उपहार है; इसीलिए वे अपने समाज को धोखा देकर भी धन इकट्ठा करते हैं। लेकिन, जानवरों और पक्षियों के पास बुद्धि का उपहार नहीं है; इसलिए वे अपने वंश के लिए कुछ भी बचाकर नहीं रखते हैं। वे समय आने पर अपने बच्चों के लिए शिकार करते हैं। चोंच में भरकर लाते हैं और खिलाते हैं। वे उनकी परवाह नहीं करते हैं या बाद में उन्हें याद भी नहीं करते हैं।

दो हजार साल की अवधि के भीतर लोगों ने अपनी बुद्धि का उपयोग करने का विशेषाधिकार खो दिया था। ज्ञान में वृद्धि नहीं हुई और समाज में सुधार नहीं हुआ। क्योंकि, लोगों को सवाल करने का अधिकार नहीं था कि चीजें क्यों और कैसे होती हैं? उन्होंने सिर्फ लिखे गए शब्दों को ही सुना और विश्वास किया। उन्हें बताया जा रहा था कि सोचना, बहस करना और सन्देह करना पाप है।

ईश्वर, संतों, ऋषियों और अवतारों की बात को समझना मनुष्य की अपनी बुद्धि से परे है। जो भी विवेक और आत्मसम्मान के अनुरूप नहीं है, उसे छोड़ दिया जाना चाहिए।

अगर अन्धविश्वास हटा दिया जाए और धर्म को विवेक के प्रकाश में देखा जाए, तो कोई धर्म जीवित नहीं रहेगा।

अगर लालच खत्म हो जाता है, तो कोई भी व्यक्ति विश्वास नहीं करेगा कि उसकी बुद्धि और अनुभव के विपरीत क्या है।

मुझे नहीं पता कि हमारे लोगों को विवेक और परिपक्वता प्राप्त करने के लिए अभी कितनी शताब्दियों का और इन्तजार करना है। मुझे विश्वास है कि तमिलनाडु का तब तक उद्धार नहीं होगा, जब तक कि वह एक विनाशकारी जलप्रलय या तूफान या बाढ़ या भूकम्प में नष्ट होकर एक नया निर्माण न हो जाए।

जो सुना जाता है; जो लिखा गया है; जो लम्बे समय से होता आ रहा है; जो बहुतों के द्वारा माना जाता है या जो ईश्वर के द्वारा कहा गया है; उस पर विवेकशील लोगों को तुरन्त ही विश्वास नहीं करना चाहिए। जो कुछ भी हमें आश्चर्यजनक लगता है; उसे तुरन्त ही दिव्य या चमत्कारी नहीं मान लेना चाहिए। हर परिस्थिति में हमें स्वतंत्र रूप से तर्कसंगत और निष्पक्ष रूप से सोचने के लिए तैयार रहना चाहिए।

यह बुद्धिवाद के माध्यम से हुआ है कि मनुष्य की आयु में वृद्धि हुई है और उसकी मृत्यु दर में काफी कमी आई है।

जो ज्ञान रखता है और प्रकृति से अवगत है, वह दुःख से मुक्त है। जब एक इंजेक्शन लगता है, तो दर्द होता है। पर, वह अच्छे स्वास्थ्य के लिए दिया जाता है। लेकिन, दर्द के बावजूद हर कोई उसे इलाज की उम्मीद में बर्दाश्त करता है। वह ज्ञान की प्रकृति है।

यह सोचने की शक्ति ही है, जो मनुष्य को जानवरों और पक्षियों से अलग करती है। इसी सोचने की शक्ति के चलते मनुष्य अपने से भी शक्तिशाली जानवरों को गुलाम बना लेता है।

यह तर्क की शक्ति है, जो मनुष्य में किसी भी अन्य शक्ति से अधिक है; जो उसे अन्य सभी प्राणियों से श्रेष्ठ बनाती है। इसलिए, हम कह सकते

हैं कि इसके उपयोग की सीमा के अनुपात में वह स्वयं को मानवीय गुणों से संचालित करता है।

जो अपने विवेक का उपयोग नहीं करता है, वह सिर्फ एक पशु है।

क्योंकि, हमें लगातार बताकर यह मानने के लिए मजबूर किया जाता है कि तर्क करना या तर्क से किसी मामले की जाँच करना पाप है। इसलिए, हम अब किसी भी मामले का विश्लेषण करने में असमर्थ हैं। यदि हम साहस के साथ तर्क का इस्तेमाल करें, तो हम तेजी से प्रगति कर सकते हैं।

बर्बर कौन है? वह, जिसके पास दिमाग नहीं है। वह, जिसके पास विवेक नहीं है। वह, जो सोच और विवेक होने के बावजूद तर्क नहीं करता है। वह, जो बिना सोचे-समझे दूसरों को दोष देता है। मैं इन सबको बर्बर मानता हूँ।

तर्कसंगत ढंग से सोचे बिना अन्धविश्वासों को मानते रहने से ही मजदूर गुलाम बनने की स्थिति में चले गए हैं।

''इस हमाम में जो खुद को ढकता है, उसे पागल समझा जाता है।'' क्या इसी तरह बर्बर लोगों की भूमि में तर्क करने वालों को पागल नहीं कहा जाता है?

जो कुछ भी किया गया है, जो भी घटना और मामला है; हमें पहले यह देखना चाहिए कि वे अनुभव और जाँच के साथ क्यों और किन चीजों से मेल खाते हैं? तभी ज्ञान बढ़ेगा। इसके बजाय यदि रिवाज, परम्परा और पैतृक प्रथा का पालन किया जाता रहेगा, तो केवल मूर्खता बढ़ेगी; बुद्धि नहीं।

किसी का केवल इसलिए अनुसरण मत करो कि किसी और ने ऐसा कहा है। दूसरों के सामने अपना जमीर मत बेचो। हर चीज में विश्लेषण और छानबीन करो।

आप अपने पैसे और गरिमा को खर्च करने और किसी भी हद तक अपनी स्वतंत्रता और समानता को छोड़ने के लिए तैयार हैं। लेकिन, आप कुछ हद तक अपने विवेक का उपयोग करने में संकोच करते हैं। आप केवल इसी में इस तरह का संकोच क्यों दिखाते हैं? यदि यह स्थिति लगातार बनी रहती है, तो हम सब मनुष्य कब हुए?

इससे पहले कि हम मंत्री, मुख्यमंत्री, राज्यपाल, गवर्नर जनरल या महात्मा बनें, सबसे पहले हम सभी को मनुष्य बनना चाहिए। सबसे पहले विवेक बढ़ना चाहिए और सहज विचार प्रक्रिया पनपनी चाहिए; जिससे हम मनुष्य बन सकें।

यहाँ तक कि जब हम एक साड़ी खरीदते हैं, तो पूरी सौदेबाजी के बाद खरीदते हैं। हम उसी दुकान से साड़ी खरीदते हैं, जिससे पहले खरीदी थी और जो ईमानदार भी है और सेवा भी अच्छी करता है। हम ऐसे तुच्छ मामलों के लिए अपने विवेक का उपयोग करते हैं। पर, महत्त्वपूर्ण मामलों में विवेक उपयोग करने में विफल रहते हैं। इसलिए, हम काफी छले जाते हैं। इसलिए, मेरा पहला कर्तव्य विवेक की आवश्यकता पर बल देना है।

आज हमें हर क्षेत्र में आगे बढ़ने के लिए ज्ञान की वृद्धि की आवश्यकता है। ज्ञान का बोलबाला होना चाहिए।

आज मनुष्य को पैसा या आश्रय या परिवहन की आवश्यकता नहीं है; बल्कि उसे बुद्धि के विकास की आवश्यकता है। हमें किसी भी धन को अर्जित करने की अपेक्षा ज्ञान प्राप्त करने के लिए अधिक प्रतिस्पर्धा करनी चाहिए।

आपकी अपनी चेतना आपको नियंत्रित करती है, ईश्वर या धार्मिक लोग नहीं। जो मैं कहता हूँ, उसे सीधे स्वीकार किए बिना केवल वही स्वीकार करो, जो आपके विवेक को सही लगे; और बाकी को अस्वीकार कर दो।

विवेक मनुष्य का जीवन-रक्त है। सभी प्राणियों में केवल मनुष्य के पास विवेक है। जिसकी विवेक की क्षमता जितनी कम होती है, वह अपेक्षाकृत उतना ही अधिक बर्बर होता है। वह जो परिपक्वता प्राप्त करता है, स्पष्ट रूप से विवेक के माध्यम से ही प्राप्त करता है। विवेक से सोचने की तीव्र क्षमता आती है।

मनुष्य को केवल विश्वास के आधार पर नहीं, बल्कि विवेक के आधार पर किसी बात पर विश्वास करना चाहिए। उसे देखना चाहिए कि जिस बात पर वह विश्वास कर रहा है, वह विवेकसम्मत भी है या नहीं। तभी वह एक आदिम अवस्था से मानव कद की ओर बढ़ता है।

आपका मार्गदर्शक आपका अपना विवेक है। इसका अच्छी तरह इस्तेमाल करो। दूसरों पर शक करने से बचो। क्योंकि, आपके अपने विवेक में यह भर दिया गया है कि ज्ञान मूर्ख बनाता है। आपके पूर्वजों ने जो कहा है, उसमें न तो विविधता है और न ही चमत्कार। उन पुरखों को छोड़ दो; उनसे जुड़े बगैर स्वयं को खोजने और कार्य करने का प्रयास करो। ज्ञान को प्राथमिकता दो।

संसार के सभी प्राणियों में अकेले मनुष्य ही विवेक और बुद्धि रखता है। यदि वह उनका उपयोग करता है, तो वह महान कार्यों को प्राप्त कर सकता है।

हर चीज का विश्लेषण साहस और बुद्धिमत्ता के साथ करना चाहिए और अवसर व आवश्यकता के अनुसार जो अस्वीकार्य हो, उसे अस्वीकार करना चाहिए; जो सही हो, उसको बढ़ाने में योगदान देना चाहिए; सुधार के लिए बिना डरे बदलाव करना चाहिए; यही अनिवार्य बौद्धिक कर्तव्य है।

(यह लेख कलेक्टेड वर्क्स ऑफ पेरियार ई.वी.आर., संयोजन : डॉ. के. वीरामणि, प्रकाशक : दि पेरियार सेल्फ-रेस्पेक्ट प्रोपेगंडा इंस्टीट्यूशन, पेरियार थाइडल, 50, ई.वी. के. सम्पथ सलाय, वेपरी, चेन्नई-600007 के प्रथम संस्करण, 1981 में संकलित 'रेशनलिज्म' का अनुवाद है)

(अंग्रेजी से अनुवाद : कँवल भारती)

महिलाओं के अधिकार

पुरुष स्त्री को अपनी सम्पत्ति मानता है और यह नहीं मानता कि उसके ही समान स्त्री की भी भावनाएँ हो सकती हैं। महिलाओं को शिक्षा प्राप्त करने से क्यों रोका गया? ताकि उन्हें उनकी मुक्ति से वंचित रखा जा सके और इस बहाने उन्हें दासी बनाया जा सके और साबित किया जा सके कि वे सोचने-विचारने या कोई कार्य करने में सक्षम नहीं हैं।

जमींदार अपने नौकरों और ऊँची जाति के लोग नीची जाति के लोगों के साथ जिस प्रकार का व्यवहार करते हैं, पुरुष उससे भी बदतर व्यवहार स्त्री के साथ करता है। जमींदार अपने नौकरों के साथ और ऊँची जाति के लोग नीची जाति के साथ तभी ऐसा बुरा बर्ताव करते हैं, जब इन्हें उनसे खतरा महसूस होता है। लेकिन, पुरुष महिलाओं के प्रति उनके जन्म से लेकर मृत्यु तक क्रूर व्यवहार करते हैं। भारत में महिलाएँ हर क्षेत्र में अस्पृश्यों से भी अधिक उत्पीड़न, अपमान और दासता झेलती हैं। चूँकि, हम इस बात को समझ नहीं पाते कि स्त्री की पराधीनता सामाजिक विनाश की ओर ले जाती है। इसीलिए, अपनी सोचने-विचारने की सामर्थ्य के चलते जिस समाज को विकास की सीढ़ियाँ चढ़नी चाहिए; वह दिन-ब-दिन पतन की ओर बढ़ता जाता है।

प्रत्येक महिला को एक उपयुक्त पेशा अपनाना चाहिए, ताकि वह भी कमा सके। अगर वह कम-से-कम खुद के लिए आजीविका कमाने में सक्षम हो जाए, तो कोई भी पति उसे दासी नहीं मानेगा।

पुरुष के लिए एक महिला उसकी रसोइया, उसके घर की नौकरानी, उसके परिवार या वंश को आगे बढ़ाने के लिए प्रजनन का साधन है और उसके सौन्दर्यबोध को सन्तुष्ट करने के लिए एक सुन्दर ढंग से सजी गुड़िया है। पता कीजिए, क्या इनके अलावा उनका उपयोग अन्य कार्यों के लिए भी हुआ है?

महिलाओं की दासता केवल पुरुषों के कारण है। पुरुषों की यह धारणा कि ईश्वर ने पुरुष को श्रेष्ठ शक्तियों से युक्त और स्त्री को उसकी गुलामी करने के लिए बनाया है और परम्परागत तौर पर स्त्रियों द्वारा इसे सत्य मानकर इसकी स्वीकार्यता—ये ही स्त्री की दासता को बढ़ावा देने वाले कारक तत्त्व हैं।

विवाह से पूर्व लड़का और लड़की की जोड़ी दोनों के रंग-रूप की संगतता, आपसी स्नेह और सही समझ तथा समान शिक्षा के आधार पर नहीं मिलाई जाती, बल्कि यह देखा जाता है कि क्या लड़की आज्ञाकारी होगी और लड़के की इच्छानुसार आचरण करेगी? लगभग उसी तरह से, जैसे गाय-बैल आदि खरीदते समय उन्हें देखा-परखा जाता है।

मंगल सूत्र का निहितार्थ यह है कि जब लड़का इसे लड़की के गले में बाँधता है, तभी से वह उसे अपनी दासी मान लेता है और लड़की भी उसकी दासी बनना स्वीकार कर लेती है। इस प्रकार पति अपनी पत्नी के प्रति चाहे जैसा भी व्यवहार करे; किसी को उसे रोकने-टोकने का अधिकार नहीं है और न ही उसके दुर्व्यवहारों के लिए दंड का प्रावधान है।

आज की मध्यमवर्गीय महिलाएँ अपनी शिक्षा, धन, व्यवहार-कुशलता सम्बन्धी ज्ञान, सम्मानित रिश्तेदार और एक आरामदायक जीवन जीने के बावजूद बहुत-ही पारम्परिक ढंग से व्यवहार करती हैं, जिससे उनमें देहाती लड़कियों से भी ज्यादा पिछड़ापन झलकता है। यह दुःख की बात है। ऐसी महिलाओं द्वारा जन्मे और उनके संरक्षण में पलने-बढ़ने वाले बच्चों में मानवीय गरिमा का भाव कैसे आएगा?

हमारे समाज की महिलाओं को स्वयं को जन्म से ही दासी मानने की प्रवृत्ति बदलनी चाहिए।

महिलाओ! साहसी बनिए। यदि आप अपने आचार-विचार में बदलाव लाती हैं, तो आपके पति और अन्य पुरुषों को भी बदलने में आसानी होगी। पुरुष आप पर यह आरोप लगाते हैं कि आप पिछड़ी हैं। अपने आप पर यह आरोप मत लगने दीजिए। अपनी स्थिति को यूँ मजबूत बनाइए कि भविष्य में इसकी बजाय कि आपको 'अमुक व्यक्ति की पत्नी' के रूप में पहचाना जाए; आपके पति को 'अमुक महिला के पति' के तौर पर चिह्नित किया जाए।

पति का लाड़-प्यार पाने वाली महिलाएँ, जिनको गहनों और परिधानों का अत्यधिक मोह होता है; जो स्त्रियोचित सौन्दर्य और फैशन के आकर्षण में फँसी रहती हैं तथा जो धनाढ्य और अभिमानी होती हैं; वे अपनी इसी निष्क्रिय अवस्था में सन्तुष्ट रहेंगी। वे दुनिया में कोई सुधार लाने में सहायक सिद्ध नहीं होंगी। महिलाओं को उपहास की वस्तु समझने तथा पुरुष के मन बहलाने की चीज मानने के पीछे मुख्य कारण यह है कि वे खुद ही अभद्र ढंग से व्यवहार करती हैं। जो महिलाएँ खुद को फैशनेबल और आधुनिक समझती हैं, वे मात्र बढ़िया परिधान तथा आभूषण पहनकर आकर्षक दिखने से ही स्वयं को सभ्य मानती हैं। उन्हें इस बात का एहसास नहीं होता कि पुरुषों के साथ समान दर्जे का सम्बन्ध ही वास्तविक सभ्य जीवन का आधार है।

'प्राथमिक शिक्षक' शब्द को सर्वप्रथम महिलाओं के लिए प्रयोग में लाया जाना चाहिए। क्योंकि, 6-7 वर्ष से कम आयु वाले बच्चों के लिए तो असल में वे ही प्राथमिक शिक्षक हैं।

हिन्दू-धर्म में ज्ञान की और धन की देवियों को पूजा जाता है। फिर ये देवियाँ महिलाओं को शिक्षा तथा सम्पत्ति का अधिकार प्रदान क्यों नहीं करतीं? महिलाओं को तर्कसंगत ज्ञान और वैश्विक मामलों से सम्बन्धित पर्याप्त शिक्षा दी जानी चाहिए। उन्हें ऐसे साहित्य, इतिहास या कहानियों से दूर रखा जाना चाहिए, जो अन्धविश्वास और भय को जन्म देती हैं। महिलाओं

की पराधीनता के कई कारणों में से प्रमुख कारण यह है कि उन्हें सम्पत्ति का अधिकार नहीं है।

समाज में पुरुषों की प्रधानता ने उन्हें निरंकुश बनाया है। इसका एक प्रमाण यह है कि हमारी भाषाओं में पुरुष की 'शुचिता' के लिए कोई लक्षण निर्धारित नहीं किया गया है। शुचिता के नाम पर पति द्वारा पत्नी के प्रति बरती जाने वाली क्रूरता को, जिसे पत्नी को हिंसा के रूप में भी सहन करना पड़ता है, समाप्त कर देना चाहिए।

अगर किसी महिला को सम्पत्ति का अधिकार और अपनी पसन्द से किसी को चुनने तथा प्रेम करने की स्वतंत्रता नहीं है, तो वह पुरुष की स्वार्थ-सेवा करने वाली एक रबड़ की पुतली से ज्यादा और क्या है?

'शुचिता' को केवल स्त्रियों पर लागू करने और पुरुष को इससे मुक्त रखने का हठ, पूर्वग्रहयुक्त व्यक्तिगत स्वामित्व पर आधारित धारणा है। स्त्री पुरुष की सम्पत्ति है; यही विचार पत्नी की वैध स्थिति निर्धारित करता है।

यदि हमारा सम्पूर्ण साहित्य न्याय और अनुशासनबद्ध आचरण के निमित्त रचा गया है, तो महिलाओं पर लागू सभी नियम-कानून पुरुषों पर भी समान रूप से लागू नहीं होने चाहिए?

संसार में यही दावा किया जाता रहा है कि स्वतंत्रता तथा साहस केवल 'पौरुष' के लक्षण हैं। अतः पुरुष समाज ने यह निश्चय कर लिया कि ये ही गुण 'पुरुष की श्रेष्ठता' को परिभाषित करते हैं। जब तक दुनिया में पुरुष की श्रेष्ठता कायम रहेगी, महिलाओं की पराधीनता जारी रहेगी। निश्चित तौर पर महिलाएँ तब तक स्वतंत्रता हासिल नहीं करेंगी, जब तक कि वे पुरुष-वर्चस्व की रीति को समाप्त नहीं कर देतीं। पुरुष को अपनी यौन-साथी चुनने की छूट और उसे जितनी मर्जी उतनी पत्नियाँ वरण करने की अनुमति स्वच्छंद सम्भोग का कारण बनती है। लोग महिलाओं की स्वास्थ्य-सुरक्षा और पारिवारिक सम्पत्ति के संरक्षण के उद्देश्य से गर्भ-निरोध का समर्थन करते हैं। लेकिन, हम इसकी वकालत महिलाओं की मुक्ति के लिए करते हैं।

यदि किसी पुरुष को किसी महिला पर दावा करने का अधिकार है, तो एक महिला को भी पुरुष पर दावा करने का अधिकार होना चाहिए। अगर महिला पर पुरुष को पूजने के नियम थोपे जाते हैं, तो पुरुष पर भी महिला को पूजने के नियम लागू किए जाएँ।

महिलाओं की मुक्ति के लिए पुरुष का तथाकथित 'प्रयास' वास्तव में महिलाओं की दासता को ही जारी रखता है और उसके निवारण के रास्ते में खलल डालता है। पुरुषों द्वारा यह दिखावा कि वे महिलाओं का सम्मान करते हैं और उनकी स्वतंत्रता के लिए संघर्ष करते हैं; उन्हें धोखे में रखने के लिए महज एक चाल है। क्या आपने कभी, कहीं भी सियार को मुर्गी तथा मेमने को या बिल्ली को चूहों को बख्शते हुए देखा है? या फिर पूँजीपतियों को श्रमिकों का उद्धार करते देखा है?

महिलाओं को दासों की तरह घरेलू काम-काज, जैसे—फर्श की सजावट (उत्तर भारत में रंगोली तथा दक्षिण भारत में कोलम), उपले बनाना, बर्तन माँजना, सामूहिक नृत्य (कुम्मी) और कोलाट्टम के साथ नृत्य करने का प्रशिक्षण मत दीजिए।

आज हमारा अन्धविश्वास हमारे समाज के दोषों और अधोगति का मुख्य कारण है। यदि हमारे समाज की महिलाओं के बीच इतना अन्धविश्वास है, तो उनके बच्चों का क्या होगा? यदि महिलाओं की ओर से किसी सुधार-कार्य की पहल की जाती है, तो उसे ऊर्जा मिलती है। यदि बाल-विवाह पर रोक लगा दी जाए और तलाक, विधवाओं के पुनर्विवाह, अन्तर्जातीय विवाह और अपनी पसन्द के अनुसार विवाह करने के अधिकार के लिए प्रावधान बना दिए जाएँ, तो समाज में व्याप्त वेश्यावृत्ति 90 प्रतिशत समाप्त हो जाएगी।

पुरुष स्त्री के बिना रह सकता है। लेकिन, हर स्त्री सोचती है कि वह पुरुष के बिना नहीं रह सकती। यदि हम इसके कारण पर गौर करें, तो पाएँगे कि गर्भधारण से जुड़ीं समस्याओं के चलते महिलाएँ यह जताने में असमर्थ होती हैं कि वे पुरुषों के बिना रह सकती हैं। चूँकि, पुरुषों पर ऐसा कोई भार नहीं होता। इसलिए, समाज में उनकी स्थिति इतनी दृढ़ है कि उन्हें यह

घोषित करने में कोई आपत्ति नहीं होती कि वे महिलाओं के बिना रह सकते हैं। इसके साथ ही मातृत्व से सम्बन्धित समस्याएँ महिलाओं को दूसरों की सहायता लेने के लिए विवश कर देती हैं; जिससे पुरुष वर्चस्व को बढ़ावा मिलता है। इसलिए, महिलाओं की असली मुक्ति के लिए उन्हें सन्तानोत्पत्ति की कष्टप्राय बाध्यता से पूरी तरह मुक्त कर देना चाहिए।

('कलेक्टेड वर्क्स ऑफ पेरियार ई.वी.आर.', से आभार)

(अंग्रेजी से अनुवाद : देविना अक्षयवर)

पति-पत्नी नहीं, बनें एक-दूसरे के साथी

विवाहित दम्पतियों को एक-दूसरे के साथ मैत्री-भाव से व्यवहार करना चाहिए। किसी भी मामले में पुरुष को अपने पति होने का घमंड नहीं होना चाहिए। पत्नी को भी इस सोच के साथ व्यवहार करना चाहिए कि वह अपने पति की दासी या रसोइया नहीं है। विवाहित दम्पती को बच्चे पैदा करने में जल्दबाजी नहीं करनी चाहिए। विवाह के कम-से-कम तीन साल बाद बच्चे पैदा हों, तो अच्छा रहेगा। विवाहितों को अपनी कमाई के अनुसार खर्च करना चाहिए। उन्हें उधार नहीं लेना चाहिए। भले ही आय कम हो; उन्हें किसी भी तरह थोड़ी-सी बचत करनी चाहिए। इसी को मैं जीवन का अनुशासन कहूँगा।

विवाहित लोगों को एक-दूसरे के प्रति सरोकार रखने वाला होना चाहिए। भले ही वे दूसरों के लिए ज्यादा कुछ न कर पाएँ; लेकिन उन्हें दूसरों का अहित करने से बचना चाहिए। कम बच्चे होने से ईमानदारी और आराम से जीवन व्यतीत किया जा सकता है। विवाहित लोगों को अपने जीवन को दुनिया की वर्तमान परिस्थितियों के अनुकूल ढालने के लिए हर तरह से प्रयास करना चाहिए। भविष्य में दुनिया कैसी होगी? इसे भूलकर उन्हें वही करना चाहिए, जो वर्तमान दुनिया में जीने के लिए आवश्यक है। 'पति' और

'पत्नी' जैसे शब्द अनुचित हैं। वे केवल एक-दूसरे के साथी और सहयोगी हैं; गुलाम नहीं। दोनों का दर्जा समान है।

जिस देश या समाज में प्रेम को स्वतंत्र रूप से फलने-फूलने का अवसर मिलता है; वही देश ज्ञान, स्नेह, संस्कृति और करुणा से समृद्ध होता है। जहाँ प्रेम बलपूर्वक किया जाता है, वहाँ केवल क्रूरता और दासता बढ़ती है। जीवन में एक-दूसरे की अपरिहार्यता को समझना एक उदात्त प्रेम की पहचान है।

नैतिक आचरण की सीख देने वाली कोई भी किताब या धर्म-ग्रंथ यह नहीं सिखाता कि एक बाल वधू को वैवाहिक बन्धनों में बँधकर तथा पारिवारिक जीवन में उलझकर, पति के संरक्षण की बेड़ियों में कैद रहना चाहिए; जबकि अपनी उम्र के अनुसार वह इसके लिए तैयार नहीं है। नागरिकों और पुलिस, दोनों को अवैध विवाह से सम्बन्धित लोगों के खिलाफ कानूनी कार्रवाई करने का अधिकार होना चाहिए।

विवाह को केवल लैंगिक समानता तथा स्त्री-पुरुष के बीच समान व्यवहार के सिद्धान्त पर अनुबन्धित किया जाना चाहिए। अन्यथा यही बेहतर होगा कि महिलाएँ तथाकथित 'पवित्र वैवाहिक जीवन' से बाहर एकल जीवन जिएँ। स्त्री पुरुष की गुलाम बनकर क्यों रहे? विवाह पर किया जाने वाला खर्च लोगों की 10 या 15 दिनों की औसत आय से अधिक नहीं होना चाहिए। एक और बदलाव यह लाया जा सकता है कि विवाहोत्सव को कम दिनों में मनाया जाए।

मैं 'विवाह' या 'शादी' जैसे शब्दों से सहमत नहीं हूँ। मैं इसे केवल जीवन में साहचर्य के लिए एक अनुबन्ध मानता हूँ। इस तरह के अनुबन्ध में मात्र एक वचन; और यदि आवश्यकता हो, तो अनुबन्ध के पंजीकरण के एक प्रमाण की जरूरत है। अन्य रस्मों-रिवाजों की कहाँ आवश्यकता है? इस लिहाज से मानसिक श्रम, समय, पैसे, उत्साह और ऊर्जा की बर्बादी क्यों?

समाज में कुछ लोगों की स्वीकृति पाने और अपनी प्रशंसा सुनने हेतु लोग दो या तीन दिनों के लिए विवाह में अतार्किक ढंग से अत्यधिक खर्च कर देते हैं; जिसके कारण वर-वधू या उनके परिवार लम्बे समय तक कर्ज में डूबे रहते हैं। खर्चीले विवाहों के कारण कुछ परिवार कंगाल हो जाते हैं।

यदि पुरुष और महिला रजिस्ट्रार कार्यालय में हस्ताक्षर करके यह घोषणा कर देते हैं कि वे एक-दूसरे के 'जीवनसाथी' बन गए हैं; तो यह पर्याप्त है। मात्र एक हस्ताक्षर के आधार पर किए गए ऐसे विवाह में अधिक गरिमा, लाभ और स्वतंत्रता होती है।

हमें विवाह के पारम्परिक रीति-रिवाजों का पालन करने की जरूरत नहीं है। समय और समाज के मिजाज तथा ज्ञान में हो रही वर्तमान वृद्धि के अनुसार ही रीति-रिवाज स्थापित किए जाने चाहिए। यदि हम सदा के लिए किसी विशेष काल के तौर-तरीकों का पालन करते रहें, तो स्पष्टतः हम ज्ञान के मामले में आगे नहीं बढ़े हैं।

आत्माभिमान विवाह परम्परागत रूप से चलती आ रही प्रथाओं पर प्रश्न उठाने और उन्हें चुनौती देने के लिए शुरू किए गए हैं। विवाह से केवल वर-वधू का ही सरोकार नहीं होता। यह राष्ट्र की प्रगति के साथ जुड़ा होता है।

(कलेक्टेड वर्क्स ऑफ पेरियार ई.वी.आर., संयोजन : डॉ. के. वीरामणि, प्रकाशक : दि पेरियार सेल्फ-रेस्पेक्ट प्रोपेगंडा इंस्टीट्यूशन, पेरियार, थाइडल, 50, ई.वी.के. सम्पथ सलाय, वेपरी, चेन्नई-600007 के प्रथम संस्करण, 1981 में 'मैरिज' शीर्षक से संकलित)

(अंग्रेजी से अनुवाद : देविना अक्षयवर)

जाति-व्यवस्था

भारत के अलावा दुनिया के किसी अन्य देश में ऐसा उदाहरण नहीं मिलता कि एक ही देश के लोग जन्म के आधार पर इतनी जातियों में बँटे हों।

हिन्दुओं के बीच जाति-व्यवस्था के तहत लोगों को प्रमुख तौर पर चार जातियों—ब्राह्मण, क्षत्रिय, वैश्य एवं शूद्र में बाँटा गया है। यह व्यवस्था उन लोगों में प्रचलित है, जो आर्य सिद्धान्तों को मानते हैं; कहते हैं कि वे 'ईश्वर द्वारा बनाए' गए हैं। हर व्यक्ति जानता है कि इस सामाजिक व्यवस्था में ब्राह्मण शीर्ष पर हैं और उसके बाद शेष जातियाँ क्रमशः निचले क्रम में। इनमें से आखिरी यानी शूद्र को सर्वाधिक निम्न स्तर का माना जाता है। इसके बावजूद इतनी अधिक जातियों की मौजूदगी की वजह क्या है? ऐसा इसलिए, क्योंकि लोग ईश्वर के अनुसार वर्ण में बँटे हुए थे; वे धीरे-धीरे पथ-भ्रष्ट हुए और मिश्रित वर्ण के होने लगे। वर्णों के आपस में मिल जाने के कारण अलग-अलग जातियों का उदय हुआ। ऐसी चूकों के बाद प्रत्येक वर्ण पर नैतिक संहिता लागू की गई। हम यह भी देखते हैं कि ऐसे जातीय विचलन व भेद के बाद पंचम (सर्वाधिक निचली) जाति अस्तित्व में आई।

ऐसे सूत्रों ने यह भी कहा कि हमारे देश में अनेक महत्त्वपूर्ण जातियाँ ऐसे ही आपसी मेलजोल से सामने आईं। उच्च जाति के लोग पथभ्रष्ट हुए

और अपने नैतिक मानकों से डिगे, तो इसके परिणामस्वरूप पंचम जाति यानी सबसे पिछड़ी जाति अस्तित्व में आई। यह भी कहा जाता है कि तमिलनाडु में लोकप्रिय और महत्त्वपूर्ण वेलाला जाति पंचम जाति में आती है और इस जाति के लोग उन ब्राह्मण और क्षत्रिय युवतियों की सन्तान हैं, जिन्होंने अन्य वर्ण के पुरुषों के साथ मेल किया। यह भी कहा जाता है कि इन वेलाला लोगों में से जो लोग खेती से अपनी आजीविका अर्जित करते, तो इनको 'कनियालार' कहा जाता; अगर ये प्रशासनिक पद सँभालते, तो इनको 'वेलन सामन्तर' कहा जाता। सुप्रा भूतकम, ब्रह्मा पुराणम, वैकंसम, माधवीयम और सतीविलक्कम जैसी पुस्तकों में इस वर्गीकरण के बारे में जानकारी दी गई है।

अगर एक ब्राह्मण किसी वैश्य युवती के जरिये बच्चे पैदा करता, तो उनको अंबत्तन कहा जाता और अगर ऐसे बच्चे विवाहेतर सम्बन्धों से पैदा होते, तो उनको 'कुयवार'(कुम्भकार) और 'नविता' (नापित) कहा जाता।

इसी तरह अगर एक ब्राह्मण व्यक्ति किसी शूद्र स्त्री से समागम कर बच्चे पैदा करता, तो ऐसे विवाह से उत्पन्न बच्चों को बरदवार अथवा सेंबतवार कहा जाता और जो बच्चे विवाह के रिश्ते से बाहर पैदा होते उनको 'वेत्तईकरन' अथवा 'वेदुवर' कहा जाता।

इसी तरह अगर ब्राह्मण युवती क्षत्रिय पुरुष से सम्बन्ध बनाकर बच्चे पैदा करती, तो उनको 'सवर्ण' अथवा 'तेलंगर' कहा जाता। अगर शूद्र व्यक्ति किसी ब्राह्मण युवती के साथ रहता, तो इस सम्बन्ध से पैदा होने वाले बच्चों को 'चांडाल' कहा जाता। अगर चांडाल किसी ब्राह्मणी के साथ रहता है, तो इस रिश्ते से पैदा होने वाले बच्चों को 'चमार' अथवा 'सकिलियार' (चमड़े का काम करने वाला) कहा जाता। अगर चांडाल किसी क्षत्रिय युवती के साथ रहता, तो इस दौरान पैदा होने वाले बच्चों को 'वेनुगर' (बाँसुरी बजाने वाला), कनगर (स्वर्णकार), सेलर (बुनकर) आदि कहा जाता।

इसी प्रकार अगर 'अयोवह जाति' की लड़की (एक ऐसी जाति, जो निम्न और उच्च वर्ग की संकर जाति थी) निषादों से सम्बन्ध स्थापित कर बच्चे पैदा करती, तो उनको 'भार्गव' कहा जाता। इस तरह कई जातियों के नाम सम्बन्धी नियम चलन में थे। इन नियमों को अभिज्ञान कोसाक, अभिज्ञान

चिन्तामणि और हिन्दू पंडितों द्वारा उल्लिखित अन्य पुस्तकों में देखा जा सकता है। इसके अलावा चार प्रमुख जातियों के अलावा उन तमाम अन्य जातियों को कमतर भाना जाता, जिनकी सन्तानें किसी उच्च वर्ण की स्त्री और निम्न वर्ण के पुरुष अथवा निम्न वर्ण की स्त्री और उच्च वर्ण के पुरुष के रिश्ते से पैदा होतीं। इसके अलावा विवाह के रिश्ते से बाहर पैदा हुए बच्चों को चेट्टियार और असरियार कहा जाता। इनको अवमाननापूर्ण ढंग से भी सम्बोधित किया जाता।

ऐसे में अगर हम जाति-व्यवस्था को कायम रखते हैं, तो इसका अर्थ यह होगा कि हम इन अपमानजनक टिप्पणियों को परोक्ष रूप से स्वीकार कर रहे हैं।

(रिपब्लिक, सम्पादकीय : (कुदी आरसु) 16 नवम्बर, 1930)

(अंग्रेजी से अनुवाद : पूजा सिंह)

जाति के बारे में

वे, जो बहुजातीय व्यवस्था को कायम रखना चाहते हैं। हमने कहा कि चार मूल जातियों के समय के साथ 4,000 से अधिक जातियों में बँट जाने की मूल वजह है—एक जाति का दूसरी जाति के साथ सम्बन्ध कायम होना। इसके बावजूद हमारे बीच ऐसे लोग हैं, जिनको 'वेललार' कहा जाता है। ये लोग चार जातियों की मूल व्यवस्था को स्वीकार करते हैं। ये जातियाँ हैं—ब्राह्मण, क्षत्रिय, वैश्य और पंचम। ये खुद को शूद्र मानते हैं। कुछ अन्य लोग उन्हें संस्कृत के वगीकृत जातीय नामों के बजाय तमिल के खूबसूरत शब्दों से पुकारते। मसलन, अन्तनार, अरसार, वनीगर और वेललार आदि। उनका दावा है कि वे श्रेणियाँ तमिलनाडु में पहले से विद्यमान हैं। यहाँ तक कि आर्यों के आगमन के पहले से यह व्यवस्था थी और वे चौथे वर्ण में आते थे। यह मिथक गढ़ा गया कि इन चार वर्णों के लोगों की सेवा के लिए अनेक जातियाँ अस्तित्व में आईं। इनमें पल्लू, परियाह समेत 18 जातियाँ शामिल थीं।

'पल्लू, परियाह और 18 जातियों' की इस बात से यह संकेत निकलता है कि ये 18 जातियाँ चार उच्च वर्णों की सेवा के लिए बनी थीं। इनको निम्नलिखित नाम दिए गए—इलइ वणिकन, उप्पू वणिकन, एन्नई वणिकन,

ओछ्छन, कलचछन, कन्नन, कुयवन, कोल्लन, कोयिकुडियन, थचन, थट्टन, नवीथन पल्ली, परियाह, पन्न, पूमलईक्करन, वन्नन और वलयान।

परन्तु, एक शोधपरक पुस्तक अभिधनकोसाम के मुताबिक, यही 18 जातियाँ—शिविगैयर, कुयावर, पनार, मेलाकार, परतवर, सेमबदवार, वेदार, वलईयार, थिमलार, करइयार, सनरार, सैलियार, एन्नई वणिकर, अंबत्तार, वन्नार, पल्लार, पुलियार और सक्किलियार के रूप में नौकरों की जाति के रूप में उल्लिखित हैं।

इसके अतिरिक्त वेललारों के बीच भी अन्तर कुछ इस प्रकार उल्लिखित है—वेललार शूद्रों में सबसे श्रेष्ठ हैं। उनमें भी मुंडालियों को सर्वोच्च स्थान प्राप्त है; उसके बाद आते हैं—वेलंचेट्टी। ये वेलंचेट्टी चोलापुरतर, सीताकत्तर और पंचुक्ककर में बँटे हुए हैं। ये सिवार हैं और बिना किसी भेदभाव के अन्य लोगों के साथ एक कतार में बैठ और खा सकते हैं। इसके बाद नम्बर आता चोलिया, थुलुवा और विभिन्न श्रेणियों के कोडिक्कल वेललार का। इस क्रम में आते हैं—अहमबदियार; उनके नीचे मरवार और सबसे नीचे कल्लार। उनके नीचे आते हैं—इदइयार, और सामाजिक सोपान पर सबसे नीचे हैं—कवरइगल और कमावरगल।

यह बात देखी जा सकती है कि उपरोक्त व्यवस्था में बहुत सावधानी से ब्राह्मणों के बीच भेद को दूर रखा गया है। वे ऊँची-नीची जातियों की इस बहस से बाहर हैं और उनकी जातीय स्थिति पर कोई सन्देह नहीं किया जा सकता है। यह बात स्पष्ट बताती है कि जाति-व्यवस्था की प्रकृति कितनी धूर्ततापूर्ण है। अन्यथा इसमें क्षत्रियों और वैश्यों के झगड़ों की बातें हैं; कौन किससे श्रेष्ठ है? इसका उल्लेख है और बिना किसी पूर्वग्रह के एक-दूसरे पर श्रेष्ठता के लिए लड़ाई है। इसके तहत अन्य जातियों को खुद से नीचा बताया गया है। ये सारी बातें देखी जा सकती हैं। अगर अन्य जाति के लोग खुद को साथी जातियों से श्रेष्ठ बताने का तरीका खोजने की कोशिश करते हैं, तो बेहद चतुराईपूर्वक उनको यह संकेत कर दिया जाता है कि वे परप्पनार यानी ब्राह्मणों से कमतर हैं। अन्यथा वे ऐसे वर्ग निर्माण के रहस्य की गुत्थी का खुलासा करने में कतई उपयोगी नहीं है।

इस प्रकार यह स्थापित किया गया था कि ब्राह्मणों के अलावा अन्य जातियाँ नीची हैं। वे ब्राह्मणों के स्पर्श के काबिल नहीं हैं; न ही ब्राह्मण उनके साथ भोजन करके उनको समान दर्जा देगा। अन्य जातियाँ कई तरह के अधिकारों से भी वंचित थीं। वे केवल ब्राह्मणों की सेवा करने लायक थे। उनका जन्म अवैध सम्बन्धों, ऊँची-नीची जातियों के सम्बन्धों की परिणति थी। इसकी वजह से विभिन्न वर्ण एक-दूसरे से मिल गए और व्यापक तौर पर लोगों की सामाजिक स्थिति खराब हुई। संक्षेप में यही जाति-व्यवस्था है।

इसके अलावा इस सम्बन्ध में अगर कोई दार्शनिक या तार्किक स्पष्टीकरण दिया जाता है; तो वह केवल उन मूर्खों के लिए होगा, जो धर्म और वेद, शास्त्र और तथाकथित संहिताओं आदि पर यकीन करते हैं। और इन स्पष्टीकरणों को लेकर कोई प्रश्न या आपत्ति खड़ी किए बिना लोगों को अपनी कमतर स्थिति को सहज स्वीकार कर लेने के अलावा कोई चारा नहीं रहता।

इसे छोड़ दिया जाए और अगर हम ब्राह्मणों के अलावा अन्य लोगों की स्थिति और उनको मिले अधिकारों को देखें, तो आसानी से यह समझा जा सकता है कि कोई तार्किक अथवा आत्मगौरव सम्पन्न व्यक्ति इस जाति-व्यवस्था को स्वीकार नहीं करेगा। वास्तव में वह इस जातिभेद के अपमानजनक परिणामों के बारे में तो सपने में भी नहीं सोच सकता। ऐसे में अगर आप ब्राह्मणों द्वारा चौथे वर्ण यानी शूद्रों को दिए गए अधिकार और उस वर्ण की स्थिति को देखेंगे, तो यह कुछ वैसा ही है जैसे कि मौजूदा सरकार द्वारा कुछ लोगों को पारम्परिक रूप से अपराधी वर्ग का बताना और उन्हें सरकार द्वारा तय किए गए नियम एवं शर्तों के मुताबिक जीवन बिताने को कहना।

उदाहरण के लिए हम धर्म शास्त्रों अथवा संहिता को उद्धृत करेंगे। जैसे—'स्नातमश्वम गजमस्तम ऋषभम काममोहितम शूद्रम क्षरासंयुक्तम दूरता परिवर्जियेम।' अर्थात् 'एक घोड़ा, जिसे स्नान कराया गया हो; एक हाथी, जो तनाव में हो; एक सांड, जो काम के वशीभूत हो और एक पढ़ा-लिखा शूद्र—इन सभी को करीब नहीं आने दिया जाना चाहिए।'

'जप तप तीर्थ यात्रा प्रवर्ज्या, मंत्र साधना देवर्धनम, सचैस्व स्त्री, शूद्र पठठनिशन' अर्थात् 'मानसिक प्रार्थनाएँ, पश्चात्ताप, पवित्र स्थानों की तीर्थ यात्रा, संन्यास या दुनिया को त्यागना, ईश्वर की उपासना और पूजा—ये सभी महिलाओं और शूद्रों के लिए वर्जित हैं।'

'न पतेम संस्कृतम वणिम' यानी शूद्र को संस्कृत नहीं पढ़नी चाहिए।

'नैव शास्त्रम पतेनैव श्रुणवन वैदिक आश्रम, नसंन्यातु दयालपुर्वम थापो मंत्रम सुर्वाजयेल।' अर्थात् 'एक शूद्र को कभी शास्त्र नहीं पढ़ने चाहिए या वेद नहीं सुनने चाहिए। उसे कभी भी सूर्योदय के पहले नहीं उठना चाहिए और न ही नहाना चाहिए। उसे मंत्र पाठ और पापमोचन की इजाजत नहीं है।'

'इतिहास पुराणानि नपतेस्त्रोतममार्षि'—एक शूद्र को इतिहास और पुराण नहीं पढ़ने चाहिए। लेकिन, वह एक ब्राह्मण को उन्हें पढ़ते हुए सुन अवश्य सकता है।'

'चतुर्वर्णम माया' सृष्टम, परिश्रमात्यकम, कर्मम शूद्रस्यापी पवन्नम (गीता)—अर्थात् चारों वर्ण मेरे द्वारा बनाए गए हैं। इसके तहत शूद्रों का प्राथमिक कर्तव्य है कि वे अन्यों की सेवा करें। ऐसे हजारों उद्धरण हैं, जिनको समझा जा सकता है। हमारे धार्मिक साहित्य वेदों, धर्म-शास्त्रों आदि में यही सब लिखा हुआ है। इन ग्रंथों को ईश्वरीय उत्पत्ति माना जाता है।

हमारे पास एक सरकार है, जो इन धार्मिक नियमों का पालन करने को बाध्य नहीं है। इसी तरह हममें से कुछ इन संहिताओं के नियम-कायदों के मुताबिक जीने को बाध्य नहीं हैं। लेकिन, अगर हमारे धर्म और जाति को बचाने, धर्म और जाति के नाम पर उनको स्थिर करने का प्रयास किया जाता है; तो सोचिए, हमें इसके चलते किस तरह के अनुभवों से गुजरना पड़ सकता है? जब तक हिन्दू समाज में जाति-भेद है, तब तक ऊँच-नीच की भावना भी रहेगी।

आज जो राष्ट्रवादी हैं और चाहते हैं कि भारत को पूरी आजादी मिलनी चाहिए; उनको यह कोशिश करनी चाहिए कि ब्रिटिश राज में भी जाति-प्रथा

का अन्त किया जा सके। इसके बजाय अगर वे कहते हैं कि 'तुम हमें छोड़ दो, हम चीजों का ध्यान रख लेंगे', तो यह खुद-से-खुद को जहर देने के समान है। इससे कुछ भला नहीं होगा। भारत में आज 1,000 में से 999 लोग जाति-भेद खत्म करने के इच्छुक नहीं हैं, बल्कि वे ऊँची जाति में शामिल होना चाहते हैं; ताकि वे अन्य निचली जातियों पर रसूख कायम कर सकें। आज अगर हम मौजूदा शासन के अधीन हासिल अधिकारों का भी त्याग कर दें और प्रशासन उन लोगों के हाथ में आ जाए, जो वर्ण-व्यवस्था, जाति-व्यवस्था के समर्थक हैं; तो जाति-व्यवस्था के चलते होने वाले अत्याचार कभी खत्म नहीं होंगे।

(रिपब्लिक, (कुदी आरसु) सम्पादकीय—30 नवम्बर, 1930)

(अंग्रेजी से अनुवाद : पूजा सिंह)

जाति-व्यवस्था की कार्यपद्धति

अध्यक्ष महोदय और साथियो!

इस सम्मेलन के उद्घाटन के अवसर पर आप मुझसे कुछ शब्द कहने को कहेंगे। आप सभी वंचित वर्ग के लोगों को लेकर मेरे विचारों से अवगत हैं। अगर आप चाहते हैं कि वंचित वर्ग के लोग उन पर थोपे गए अत्याचारों से आजाद हों, तो आपको इसे एक क्रान्तिकारी कार्य के रूप में समझना होगा। इसलिए, क्योंकि उनकी इस दुर्दशा की बुनियाद बहुत गहरी है।

वंचित वर्ग के लोगों के बारे में यह अवधारणा पक्की की गई है कि ऐसे लोग नीची जातियों से ताल्लुक रखते हैं, वे अस्पृश्य हैं; वे जन्म से ही कमतर गुण वाले हैं; यहाँ तक कि ईश्वर ने भी उनको ऐसा ही बनाया है। ऐसी परिस्थितियों की वजह हमेशा धार्मिक कार्यों और धर्म शास्त्रों में मिलती है। कहा जाता है कि ईश्वरीय या धार्मिक नियमों को कोई बदल नहीं सकता। अगर कोई यह सोचता है कि वंचित वर्ग के लोगों को केवल जुबानी जमा-खर्च से या उच्च जाति के लोगों से अनुरोध करके ही समानता का अधिकार मिलेगा या मानव समाज से अस्पृश्यता समाप्त हो जाएगी; तो मैं कहूँगा कि ऐसा सोचने वाले लोग केवल अपनी जिन्दगी बर्बाद कर रहे हैं। वंचितों में से कुछ लोग सोचते हैं कि अगर वे नहाएँगे; अपने माथे पर वैष्णव या शैव

पहचान वाला तिलक लगाएँगे; वैदिकों की तरह कपड़े पहनेंगे; शराब नहीं पीएँगे या मांस नहीं खाएँगे और सामी जैसे नाम रखेंगे, तो उनकी स्थिति सुधर जाएगी और अस्पृश्यता नष्ट हो जाएगी।

यह अजीब बात है—खुद को यह सोचते हुए धोखा देना कि दूसरों को धोखा दिया जा सकता है। वंचित वर्ग के कई लोगों, यहाँ तक कि आदि द्रविड़ों ने भी लम्बे समय तक ऐसा किया है। पुराणों में इसके कई उदाहरण सामने आते हैं। उनमें से एक पूरे दमखम से घोषणा करता है कि हजारों वर्षों में अस्पृश्यता को समाप्त करने के लिए कुछ भी नहीं किया गया। कुछ लोगों की गतिविधियों से उनके निजी स्वार्थ को बढ़ावा भले ही मिलता हो; लेकिन व्यापक तौर पर यह निरुद्देश्य है। इसकी वजह से कुछ सार्थक होने की सम्भावना भी नहीं है।

ऐसा इसलिए है, क्योंकि उन्होंने इसकी बुनियाद बहुत मजबूत बनाई है। एक क्षण के लिए अस्पृश्यता के विषय को छोड़ भी दें, हालाँकि अनेक लोगों ने इसके लिए लड़ाई लड़ी है; तो भी क्या 100 में से तीन लोगों द्वारा 97 लोगों को शूद्र बताने की परम्परा समाप्त हुई है? हालाँकि, शूद्रों में से भी कुछ महात्मा, संत, मनीषी, अलवार, नयमार आदि बने हैं। लेकिन, इसके बावजूद एक बड़े जनसमुदाय को शूद्र कहे जाने की परम्परा समाप्त नहीं हुई है। इसे समाप्त करना इतना आसान है भी नहीं। कल जिन सज्जन ने यहाँ 'आदि द्रविड़ सम्मेलन' का उद्घाटन किया और जिन्होंने यहाँ कार्यक्रम की अध्यक्षता की; वे दोनों उच्च जाति के हैं। ये हैं माननीय मंत्री पीटी राजन और आपके जिला बोर्ड के अध्यक्ष मित्र समियप्पा मुदलियार। दोनों शैव वेलालार हैं। वह भी थोंडाइ मंडलम के शैव वेललार। जो लोग कहते हैं कि उनका दर्जा ब्राह्मणों के बाद है और उनके समुदाय में से कुछ कहेंगे कि वे ब्राह्मणों के घर में भोजन तक नहीं करेंगे। लेकिन, इसके बावजूद ब्राह्मण ऐसे लोगों से यही कहेंगे कि चिड़िया कितना भी ऊँचा क्यों न उड़ ले, वह कभी बाज नहीं बन सकती।

इतना ही नहीं ब्राह्मण ही उन पर ठप्पा लगाएँगे और उनको शूद्रों का ही दर्जा देंगे। चारों वर्णों में थोंडाई मंडला शैव वेललारों के लिए कोई और

जगह नहीं। ऐसे कई वेललार लम्बे समय से कहते रहे हैं कि वे शूद्र नहीं हैं और उनका वर्ण-व्यवस्था से कोई लेना-देना नहीं है। कुछ अन्य का दावा है कि वे सामान्य शूद्र नहीं, बल्कि सद्शूद्र थे। यह कुछ ऐसा ही था, मानो रेशमी कंचलम में लिपटी झाड़ू। इस स्थिति में एकदम निचले दर्जे पर रखे जाने पर, हर तरह के सहयोग और समर्थन से दूर होने पर भी अगर आपको लगता है कि आप परयर (नीची जाति) होने के इस दर्द को छिपा लेंगे या खत्म कर देंगे; वह भी केवल धर्म की स्थापनाओं का पालन करके, तो यह कुछ वैसा ही है जैसे कि कोई चिड़िया समुद्र का पानी पीकर उसे सुखाने का प्रयास करे।

उनका कहना है कि वर्ण ईश्वर ने बनाए। गीता में भगवान कृष्ण कहते हैं कि मैंने चार वर्ण बनाए। जाति-व्यवस्था धर्म की देन है। मनु संहिता में चांडाल जाति तथा अन्य जातियों की उत्पत्ति की कथा कही गई है। ऐसे में अगर ईश्वर, धर्म और गीता एवं मनु स्मृति समाज में लगातार बने हुए हैं और उनके पक्ष में समर्थन जुट रहा है, तो सोचिए शूद्र और निचली जाति का ठप्पा हटाना कितना मुश्किल है।

अस्पृश्यता समाप्त करने की कोशिश में हमारे मित्र गांधी ने हर सम्भव पुकार लगाई। उन्होंने अपना लक्ष्य हासिल करने के लिए लाखों रुपए एकत्रित किए और उनको उच्च जाति या वर्ण के लोगों को दिया। अगर वह ऐसा नहीं करते, तो रत्तीभर भी बदलाव नहीं ला सकते थे। वहीं दूसरी ओर वह गीता, मनुस्मृति, वर्ण और जाति-व्यवस्था के समर्थक भी हैं। आज जो लोग सेवा कर रहे हैं; जो अस्पृश्यता के उन्मूलन में शामिल रहे; ऐसे 100 में से 100 लोग गीता और मनुस्मृति में पूरा भरोसा रखते हैं। अगर वे इस मुद्दे को कुछ समय के लिए टालते भी हैं, तो यह कुछ ऐसा ही होगा जैसे छेद भरी बाल्टी की मदद से कुएँ से पानी निकालकर किसी टंकी को भरना। इसलिए अस्पृश्यता या जाति के समापन के लिए सबसे पहले आपको अपने धर्म को नष्ट करना होगा। अगर आप ऐसा नहीं कर सकते हैं, तो कम-से-कम धर्म को त्यागने का साहस करिए। यह बात स्थापित तथ्य है कि जब तक धर्म समाप्त नहीं होता है, तब तक अस्पृश्यता या परियाहपन को समाप्त नहीं

किया जा सकता है। जो लोग अस्पृश्य से स्पर्श करने लायक बन गए हैं; ये वो लोग हैं, जिन्होंने धर्म द्वारा की गई जकड़बन्दी को नष्ट कर दिया है। आँकड़े बताते हैं कि करोड़ों लोगों ने अपने नाम और अपने रिहाइशी स्थान को त्यागकर ऐसा किया है।

ऐसे में इस मुगालते में मत रहिए कि धर्म को बचाकर भी आप अस्पृश्यता को नष्ट कर पाएँगे। मेरे मित्र गांधी अत्यधिक धार्मिक हैं। वह बहुत गहन मानवतावादी भी नहीं हैं। वह कहते रहे हैं कि अस्पृश्यता को खत्म किया जाना चाहिए, ताकि हिन्दुत्व को बचाया जा सके; वरना यह समझ लीजिए कि उनकी प्राथमिकता आपके विरुद्ध होने वाले अत्याचारों का खात्मा नहीं है।

कांग्रेस के सदस्य भी इसे लेकर बहुत फिक्रमंद नहीं हैं। इसकी वजह यह है कि उनमें से अधिकांश ब्राह्मण हैं। अगर व्यवहार में वे अस्पृश्यता को मानते हैं, तो उनको पता है कि लम्बी अवधि में वे स्वयं अस्पृश्य हो जाएँगे। इसलिए, क्योंकि जब अस्पृश्यता समाप्त होगी, तो उच्च जाति के ब्राह्मणों का दबदबा भी समाप्त हो जाएगा। अगर उनकी उच्च जाति की धाक समाप्त हो जाएगी, तो उनकी परवाह ही कौन करेगा? इसलिए, अगर अस्पृश्यों के लिए किसी तरह का काम करना है, तो वह सरकार को करना होगा। समाज में व्याप्त अत्याचार को समाप्त करना सरकार का कर्तव्य है। समाज के किसी एक वर्ग द्वारा अन्य वर्ग पर होने वाले अत्याचारों पर भी यह बात लागू होती है। न केवल यह, बल्कि हम पर शासन करने वाली सरकार भी अस्पृश्यता का पालन नहीं करती। अस्पृश्यों के लिए यह अच्छा है कि भारत की सम्प्रभुता भारतीयों के हाथ में नहीं, दूसरे महाद्वीप के शासकों के हाथ में है। दूसरी ओर कांग्रेस कहती है कि वह देश को सम्प्रभु बनाने की कोशिश कर रही है और इस दिशा में प्रयास चल रहे हैं।

इसी तरह आपको भी प्रयास करने चाहिए कि आप अपने कष्ट इस शासन के समाप्त होने से पहले खत्म कर लें। मौजूदा शासन के ब्राह्मणों के शासन में बदलने का जितना विरोध कर सकते हों कीजिए। स्वराज्य कुछ और नहीं, बल्कि राम-राज्य, गीता-राज्य, मनुस्मृति का शासन ही है। अगर भारत भूकम्प या तूफान अथवा बाढ़ से नष्ट हो जाए, तो वह अधिक बेहतर

होगा; बजाय हमारे मनुस्मृति या राम-राज्य की ओर वापस जाने के। ऐसे में हमें हर सम्भव कोशिश करनी होगी कि हम खुद को ब्रिटिश शासन के दौरान ही अस्पृश्यता से आजाद कर सकें। पिछले तमाम शासन ऐसा करने में नाकाम रहे। केवल इसी शासन के अधीन आप कलेक्टर, जज, वकील, डॉक्टर, शिक्षक, विधायक आदि बन सके और आपको राय बहादुर और दीवान बहादुर की उपाधि मिल सकी। यहाँ तक कि आप मंत्री भी बन सके। ऐसे में अपने संकटों के खात्मे और आपके सामाजिक स्तर में सुधार की कोई सम्भावना है, तो वह ब्रिटिश शासन में ही है। मैं इस बात पर जोर दूँगा कि हिन्दू धार्मिक प्रशासन अथवा रामराज्य या मनुस्मृति, गीता के शासन अथवा स्वदेशी शासन में ऐसा कर पाना नामुमकिन होगा।

दूसरों के राजनीतिक विरोध में भाग मत लीजिए और न ही इसे लेकर परेशान होइए। वह सब केवल अमीर और शिक्षित उच्चवर्णीय लोगों द्वारा अपना दबदबा बढ़ाने की कोशिश है। आप इन तीनों में से किसी श्रेणी में नहीं हैं। उन तक पहुँचने के लिए आपको ब्रिटिश पर निर्भर रहना होगा। अन्य सभी ब्रिटिश शासन के श्रद्धालु और उसके वफादार रहे हैं और उनको मौजूदा उच्च पद और रसूख ऐसे ही हासिल हुआ है। आपको भी विरोध-प्रदर्शन कर समान रूप से उच्च पद हासिल करने चाहिए और इसके लिए प्रयास करने चाहिए।

मित्रो! इस विषय पर यही मेरे विचार हैं। अब यह आप पर है कि आप सोचें और किसी नतीजे पर पहुँचें।

(स्रोत : 10 जुलाई, 1935 को सिरकाजी में दिया भाषण—रिपब्लिक (कुदी आरसु) 28 जुलाई, 1935)

(अंग्रेजी से अनुवाद : पूजा सिंह)

ब्राह्मणों को आरक्षण से घृणा क्यों?

जाति-आधारित प्रतिनिधित्व देना हर राष्ट्र और उसकी सरकार का अधिकार है। यह हर समुदाय के नागरिकों का अधिकार भी है। जाति-आधारित प्रतिनिधित्व के सिद्धान्त का मूल उद्देश्य है—नागरिकों के बीच की असमानता को मिटाना। जातिगत प्रतिनिधित्व एक वरदान है, जो समान नागरिकों के समाज का निर्माण करता है। अगर अगड़े व प्रगतिशील समुदाय अन्य समुदायों की बेहतरी में रोड़े अटकाते हैं; तब जाति-आधारित प्रतिनिधित्व की व्यवस्था को अपनाने के अतिरिक्त कोई रास्ता नहीं बचता है। यही वह राह है, जिस पर चलकर यंत्रणा भोग रहे समुदायों को कुछ राहत मिल सकती है। जाति-आधारित प्रतिनिधित्व की व्यवस्था की आवश्यकता तब स्वयमेव समाप्त हो जाएगी, जब सभी समुदायों के बीच समानता स्थापित हो जाएगी।

जबसे शासन में भारतीयों की भागीदारी की चर्चा शुरू हुई है, तभी से ब्राह्मणों को छोड़कर अन्य सभी समुदाय जाति-आधारित प्रतिनिधित्व की माँग उठा रहे हैं। ब्राह्मणों के अतिरिक्त सभी समुदायों ने उस आन्दोलन में हिस्सेदारी की, जो जाति-आधारित प्रतिनिधित्व की नीति को लागू करने की माँग को लेकर शुरू किया गया था।

ब्राह्मणों, विशेषकर तमिलनाडु के ब्राह्मणों ने जातिगत प्रतिनिधित्व लागू करने की राह में रोड़े अटकाने का हर सम्भव प्रयास किया। उन्होंने षड्यंत्र किए, छल किए और अन्य हर तरीके से यह कोशिश की कि एक ऐसी नीति, जो सभी पददलित समुदायों को लाभ पहुँचाने वाली थी; लागू न हो सके।

ब्राह्मण जातिगत प्रतिनिधित्व का विरोध क्यों कर रहे हैं? यह समझना आसान है। यद्यपि उन्होंने कभी सामने आकर यह नहीं बताया कि पददलित लोगों को ऊपर उठाने में क्या बुराई है? जो लोग इसके खिलाफ हैं, वे कहते हैं कि इसे लागू नहीं किया जाना चाहिए। परन्तु, यह नहीं बताते कि इसे क्यों लागू नहीं किया जाना चाहिए। किसी ने अभी तक स्पष्ट शब्दों में यह नहीं बताया है कि वह आरक्षण की नीति का विरोधी क्यों है? समानता स्थापित करने में क्या गलत है? सभी को समान अवसर उपलब्ध करवाने में क्या गलत है? अगर समाजवादी समाज का निर्माण गलत नहीं है और अगर इस तथ्य से इनकार नहीं किया जा सकता कि वर्तमान असमान समाज को प्रगतिशील बनाया जाना चाहिए, तो हमारे सामने दूसरा रास्ता भी क्या है? क्या इस बात से इनकार किया जा सकता है कि समाज में कमजोर वर्ग हैं?

इसके अतिरिक्त जब हमने समाज का धर्म, जाति और समुदाय के आधार पर वर्गीकरण स्वीकार किया है; तो हम उन लोगों का रास्ता नहीं रोक सकते, जो अपने धर्म, जाति या समुदाय के आधार पर कुछ विशेषाधिकार माँग रहे हैं। अगर वे अपने हितों की रक्षा करना चाहते हैं, तो इसमें क्या गलत है? मैं इसमें कोई धोखेबाजी या कपट नहीं देखता।

जातिवाद ने लोगों को पिछड़ा बनाया है। जातिवाद ने बर्बादी के सिवाय हमें कुछ नहीं दिया है। जातिवाद ने हमें नीचा और वंचित बनाया है। जब तक इन बुराइयों का उन्मूलन नहीं हो जाता और सभी लोगों को जीवन में बराबरी का दर्जा नहीं मिल जाता, तब तक आबादी के आधार पर आनुपातिक प्रतिनिधित्व अपरिहार्य है। कई समुदायों ने शिक्षा के क्षेत्र में हाल ही में प्रवेश किया है। सभी लोगों को यह अधिकार होना चाहिए कि वे शिक्षा प्राप्त करें

और सभ्य जीवन जिएँ। हमारे लोगों को शिक्षा प्राप्त करनी चाहिए और अच्छे से पढ़ाई करनी चाहिए। हमारे लोगों को सार्वजनिक सेवाओं और अन्य सभी क्षेत्रों में कुल आबादी में उनके प्रतिशत के हिसाब से उपयुक्त प्रतिनिधित्व मिलना चाहिए।

इस देश में हर सौ व्यक्तियों में से केवल तीन ब्राह्मण हैं। आबादी का 16 प्रतिशत 'आदि द्रविड़' हैं और 72 प्रतिशत गैर-ब्राह्मण हैं। क्या सभी को आबादी में उनके अनुपात के अनुरूप नौकरियाँ नहीं मिलनी चाहिए?

(स्रोत : 'कलेक्टेड वर्क्स ऑफ ई.वी. रामासामी पेरियार, पृ. 165-66)

(अंग्रेजी से अनुवाद : अमरीश हरदेनिया)

जाति और चरित्र

अच्छा चरित्र क्या है? मानव चरित्र के विषय में वर्ण-व्यवस्था ने हमारे विचार उलट दिए हैं। प्रत्येक जाति के लिए चरित्र संहिता का सिद्धान्त जन्म पर आधारित है। शताब्दियों तक इस प्रकार के व्यवहार ने हिन्दू-धर्म को अज्ञानान्धकार के गहरे गड्ढे में धकेल दिया है और चारित्रिक एकता एवं एकरूपता को छिन्न-भिन्न कर दिया है। क्रमिक असमानता हिन्दू रक्त में इतनी समा गई है कि अंग्रेजी भाषा के शिक्षण तथा उच्च स्तर प्राप्त करने के पश्चात् भी उसने सामान्य बुद्धि को कुंठित कर दिया है। इसलिए यह एक सामान्य बात हो गई है कि कॉलेज के प्रोफेसर्स, इंग्लैंड में शिक्षा प्राप्त करने के पश्चात् भारत में लौटे हुए विद्वान तथा विशेषज्ञ, राजनीतिज्ञ, न्याय विशारद अपने-अपने घरों में उसी तरह का व्यवहार करते हैं, जिस भाँति दूर गाँव में रहने वाला एक किसान या अनपढ़ पुरोहित व्यवहार करता है। ऐसे लोग कट्टर प्राचीन परम्पराओं का बहाना लेकर अपनी जीवन की असंगति की बात बिना बिचारे कह उठते हैं और बड़ी जल्दी अपने घर को बड़ी-बूढ़ी स्त्री के मत्थे सारा दोष मढ़ देते हैं। सच्चाई तो यह है कि ऐसे लोगों में अपनी विचारधारा को व्यवहार में लाने का साहस नहीं होता और गृह शान्ति के नाम पर वे शीघ्र ही अन्धविश्वासों के शिकार बन जाते हैं। इस प्रकार इनकी शिक्षा बेकार हो

जाती है। अच्छी नौकरी और सरलतापूर्वक धनोत्पादन ही शिक्षा का एकमात्र उद्द्देश्य नहीं है। इसीलिए, सब शिक्षित व्यक्ति बुद्धिमान नहीं होते। बुद्धि और संस्कृति स्वतंत्र रूप से आती है। इसके लिए शिक्षा की आवश्यकता नहीं है। मनुष्य को बुद्धिमान तथा सुसंस्कृत बनाने में शिक्षा सहायता प्रदान करती है। वर्ण-व्यवस्था तथा धर्म शिक्षित मनुष्यों को पीछे खींचते हैं।

नारियों को अपने आश्रित करने तथा अपने नियंत्रण में रखने के लिए संसार के मनुष्यों ने उनके सतीत्व और प्रेमरूपी गुण की आवश्यकता पर बल दिया है। निर्धन और पतितों का शोषण करने के हेतु इसी प्रकार नैतिकता का आलम्बन पकड़ा गया है। सतीत्व, पवित्रता, प्रेम, सत्य, न्याय, नैतिकता ये सब एक ही जननी की सन्तानें हैं। चतुर और शक्ति सम्पन्न पुरुषों के लाभार्थ अपने चलन की रूपरेखानुसार उपर्युक्त बातें तोड़-मरोड़कर नीची जाति के लोगों के सम्मुख रखी जाती है। यह स्पष्ट है कि कानून का निर्माता मनुष्य है। अतएव नारियाँ मनुष्यों के आश्रित बनाई गई हैं। यह भी स्पष्ट है कि निर्बल और पतितों को पराधीन करने के हेतु इन कानूनों का निर्माण हुआ है।

जिस प्रकार बच्चों को भूत का भय दिखाकर अपने नियंत्रण में किया जाता है, उसी प्रकार सामान्य जन को भी धर्म तथा नीति का भय दिखाकर धर्माचरण का पाठ पढ़ाया जाता है; जिससे वे लोग शोषक समाज से पृथक् रह सकें और उन्हें देवता की संतति की संज्ञा दी जाती रहे। जब तक बच्चों की समझदारी में विकास नहीं होता, तभी तक वे भय तथा विश्वास के समक्ष अपने घुटने टेके रहते हैं। इसी प्रकार शोषक समाज तभी तक अपनी विशिष्ट सुख-सुविधाओं को सुरक्षित रख सकता है, जब तक कि वह सामान्य जन को उनके अधिकार तथा सत्याचरण के विरुद्ध अन्धकार में रखे रहता है। अच्छे और बुरे चरित्र का मापदंड आन्तरिक योग्यता नहीं, अपितु शक्ति और चतुराई है।

साधारण रूप से वेश्यावृत्ति, झूठ, चोरी और धोखा; दुश्चरित्रता की निशानी हैं। परन्तु, ऐसा एक भी व्यक्ति नहीं मिलेगा, जो अपने दैनिक जीवन में इनमें से किसी का भी शिकार न हो। कुछ मामलों में उपर्युक्त बातें ढकी-मुँदी रहती हैं और कुछ मामलों में स्पष्ट नहीं हो पातीं। किसी मनुष्य के बीते समय की झलक प्रकट कर देती है कि उस मनुष्य के जीवन में कितने

अवसर ऐसे आए हैं, जबकि अपने लाभार्थ उसने अपने गुणों को एक तरफ रख दिया हो। हमारे नजदीकी रिश्तेदारों, मित्रों अथवा अपरिचित व्यक्तियों के चरित्र का जरा-सा भी विश्लेषण उनके अभद्र व्यवहार तथा बेईमानी के ढंगों को प्रकट कर देता है।

मनुष्य प्राय: अपनी आजीविका के लिए वाणिज्य व्यापार कृषि, जन सेवा, उत्पादन तथा अन्य व्यवसाय आदि पर निर्भर रहता है। इनमें से कौन ऐसा है, जो आजीवन सदाचारपूर्वक रह सकता है? यहाँ हमारा ध्येय गुण और अवगुण की व्याख्या करना नहीं है। हमारा मकसद मात्र यह जानना है कि कौन ऐसे उच्च अवस्था, पद तथा शक्ति सम्पन्न व्यक्ति हैं, जो पतित तथा अभागे पुरुषों की तुलना में अपने को अधिक गुणवान तथा चरित्रवान समझते हैं?

एक पूँजीपति एक कारीगर को उसके किसी कार्य के लिए बुरा-भला कहता है; जबकि वह स्वयं स्पष्ट रूप से उसी काम को करता हुआ पाया जाता है। एक सरकारी कार्यालय में एक अधिकारी किसी एक क्लर्क को उसकी भूलों और दोषों के कारण अपराधी ठहराता है; जबकि वह स्वयं उन दोषों से मुक्त नहीं होता। कठिनाई केवल इतनी है कि अधिकारी के सामने बेचारा क्लर्क कुछ कह नहीं सकता। फिर गुण का उपदेश किसके लिए दिया जाता है? इसी प्रकार पिता पुत्र को उन बुराइयों के कारण धमकाता तथा बुरा-भला कहता है, जिन्हें वह स्वयं करता है। बुरी आदतों वाले व्यक्ति ही दूसरे लोगों में उन्हीं आदतों की प्रतिस्थापना कर उनकी आलोचना करते पाए जाते हैं। यह बात किसी एक वर्ग विशेष में ही नहीं, अपितु मानव मात्र में पाई जाती है। मैं जिस बात पर बल देना चाहता हूँ, वह यह है कि गुण और सदाचार वही कहलाने योग्य हैं; जिन्हें हम अपने और पराए में पाने व होने की इच्छा रखते हैं। इस प्रकार के उपदेशों का उपयोग प्राय: उन लोगों को धोखा देने में किया जाता है, जो बेचारे गरीब और सामाजिक रूप से निम्न कोटि के हैं। इस प्रकार के बेमेल आचरण के लिए हिन्दू धर्म की वर्ण व्यवस्था जिम्मेदार है। जो किसी एक जाति के लिए गुण है, वही दूसरे के लिए दोष समझा जाता है। दुराचरण किसी एक जाति के लिए इनाम पाने योग्य है, जबकि दूसरी जाति के लिए दंड का। दूसरों के साथ वही बर्ताव करो,

जो तुम दूसरों से अपने लिए करवाना चाहते हो। इस सिद्धान्त का प्रतिपालन हमारी वर्ण-व्यवस्था के कारण नहीं हो पाता।

अगर यह बात सत्य है कि दुराचार नाम की कोई वस्तु है; और अगर चोरी, झूठ और मक्कारी उस दुराचार के अंग समझे जाते हैं; तो इन दुराचरणों के शिकार गरीब तथा अनपढ़ जनता की अपेक्षा राजा-महाराजा, पुरोहित, व्यापारी, वकील, राजनीतिज्ञ आदि व्यक्ति अधिक होते हैं। शोषक वर्ग ही गरीब जनता को सताते, धोखा देते, नीचा दिखाते तथा उनकी उन्नति में बाधा पहुँचाते हैं। यह अतिशयोक्ति नहीं होगी, यदि मैं यह कह डालूँ कि सामान्य रूप से दुराचरण इस शोषक वर्ग के दुराचरण का अंग-प्रत्यंग है। बड़े आश्चर्य की बात तो यह है कि जनता उनका अनुकरण करती है और उन्हें आदर और आराधना के योग्य समझती है। यह सब जनता की अज्ञानता और बुद्धि विहीनता का परिचायक है।

जिस बात का उपदेश हम दूसरों को करते हैं, उसका पालन यदि हम स्वयं करें; तब उसे सदाचार की संज्ञा दी जा सकती है। जिस व्यवहार की अपेक्षा आप दूसरों से चाहते हैं, वही व्यवहार आप दूसरों के साथ करना सीखें। यह हिन्दुओं के लिए क्रान्तिकारी सिद्धान्त है। इसकी उपलब्धि केवल सुधारवादी नीति से नहीं, बल्कि क्रान्ति से ही हो सकती है। कुछ ऐसी बातें हैं, जिनका सुधार नहीं हो सकता। परन्तु, अन्त अवश्य हो सकता है। हिन्दुत्ववादी ब्राह्मण उनमें से ऐसा ही एक है।

(चन्द्रिका प्रसाद जिज्ञासु द्वारा 1970 में प्रकाशित 'बहुजन कल्याण माला 61 : पेरियार ई.वी. रामासामी नायकर' में संकलित)

(अंग्रेजी से अनुवाद : दयाराम जैन)

जाति-व्यवस्था का क्षय हो

बहनो और भाइयो!

किसी जाति से जुड़कर आपको कोई लाभ होने वाला नहीं है। माननीय मंत्री जो करीब ही बैठे हैं, भले ही वह प्रेसीडेंसी के प्रमुख हैं; भले ही उनमें केन्द्र सरकार में मंत्री होने की क्षमता है; भले ही वह विशाल वेललार समुदाय से आते हैं; लेकिन, उनको एक निम्न जाति के व्यक्ति के रूप में वर्गीकृत किया जाता है। उनके ऊपर तीन जातियाँ हैं। उनकी जाति शूद्र की श्रेणी में आती है। इसलिए जब तक जाति का तमगा लगा है, तब तक ऊँचे और नीचे की भावना समाप्त नहीं होगी। इस अन्तर को नष्ट करने के लिए जाति नाम और उससे जुड़े अहसास को नष्ट करना होगा। भाइयो! पहले ही काफी समय नष्ट हो चुका है। कई अहम प्रस्ताव पारित होने हैं। सम्मेलन शीघ्र समाप्त होने को है। इसलिए, जैसा कि आज सुबह कहा गया, कुछ प्रारम्भिक टिप्पणियाँ आवश्यक हैं।

हमें देशभर में ऐसे सम्मेलन होते नजर आते हैं। देश में तमाम जातियाँ और समुदाय हैं। जिस दिन हमारे यहाँ जाति-व्यवस्था का प्रादुर्भाव हुआ और जन्म के आधार पर लोगों का ऊँचा या नीचा होना तय होने लगा, उसी दिन से प्रत्येक जाति के लोगों के लिए अलग-अलग सम्मेलन आयोजित करने

की आवश्यकता पैदा हो गई। मुझे तमाम लोगों से ऐसी शिकायतें सुनने को मिलती हैं कि अगर अलग-अलग जातियों के अलग-अलग सम्मेलन आयोजित होते रहे, तो हम सब एकजुट कब हो सकेंगे?

मैंने यह भी सुना है कि कुछ लोग इन सम्मेलनों को साम्प्रदायिक करार दे रहे हैं और इनमें शिरकत से इनकार कर रहे हैं। इसके लिए जाति या समुदाय आधारित बैठकें आयोजित करने वालों को दोष नहीं दिया जा सकता है। यह जरूरी है कि ऐसे सम्मेलन आयोजित किए जाएँ। जब तक किसी खास समुदाय से ताल्लुक रखने वालों को यह नहीं लगता है कि उनका दर्जा औरों से कमतर है, तब तक वे अपनी स्थिति सुधारने के लिए कोई प्रयास नहीं करेंगे। अगर उनको यह अहसास हो जाता है कि वे भी मनुष्य हैं और वे भी औरों के समान हैं तथा उनको कमतर बताने या उन पर असहनीय अत्याचार करने का काम कुछ स्वार्थी लोगों का काम है; तो वे समानता हासिल करने का प्रयास करेंगे। भले ही उनको देवेन्द्र कुला वेललार जैसे भारी-भरकम शब्दों से पुकारा जाए; हकीकत में वे वंचित और अस्पृश्य हैं। जब उनमें आत्मसम्मान की भावना आ जाएगी, तो वे समानता हासिल करने का प्रयास करेंगे। तमाम मौजूदा समस्याओं की वजह नीची जाति का तमगा और दूसरों द्वारा निम्न कहकर पुकारा जाना है। ऐसे में इस व्यवस्था से निकलने का प्रयास किया जाना अनिवार्य है।

ऐसे सम्मेलनों से हम क्या सीखते हैं? ऐसे सम्मेलनों की चमक-दमक की सराहना करने और इनके बारे में गर्व महसूस करने के बजाय हमें इस बात पर ध्यान देना चाहिए कि यहाँ क्या निर्णय हुए? कौन-से प्रस्ताव पास हुए? हमें खुद को उन नतीजों के मुताबिक तैयार करना चाहिए।

हम वैश्विक प्रतिस्पर्धा में शामिल होने के अनुकूल नहीं। अगर हर किसी को समान स्तर पर रख दिया जाए, तो हम अवश्य अपनी क्षमता दिखा सकते हैं। लेकिन, फिलहाल दौड़ की शुरुआत से ही अलग-अलग वर्ग काफी आगे-पीछे खड़े हैं और देवेन्द्र कुला वेललार तो इस पंक्ति में सबसे पीछे खड़े हैं। जब उन पर प्रतिस्पर्धा के लिए दबाव बनाया जाता है; तो जाहिर है, जो सबसे पीछे है—वह चाहे जितनी मेहनत कर ले; उसे सबसे पीछे ही

रहना है। हमारी शैक्षणिक और आर्थिक स्थिति भी बहुत सीमित है। कुछ लोग कह सकते हैं कि हमने शिक्षा हासिल करने के बहुत अधिक प्रयास नहीं किए। ऐसा शायद ही कोई व्यक्ति होगा, जिसने शिक्षा हासिल करने की कोशिश नहीं की हो। परन्तु, हम बँधे रहे हैं। हमें जकड़े रखा गया, ताकि हम शिक्षा और बेहतर आर्थिक स्थिति न हासिल कर लें। अगर हम एकजुट हो गए, तो वे जकड़बन्दियाँ टूट सकती हैं। हम इस प्रतिस्पर्धा में भी बहुत अच्छा प्रदर्शन कर सकते हैं।

हालाँकि, कुछ लोग मानते हैं कि देवेन्द्र कुला वेललार अस्पृश्य होते हैं; कुछ लोग उनको शूद्र और वेश्या पुत्र मानकर भी खुद से दूर रखने की हिमायत करते हैं। एक ब्राह्मण, जो अपने अलावा सबको शूद्र मानता है; उसे दक्षिण अफ्रीका में गोरे सामाजिक रूप से कमतर मानते हैं। वह कुछ खास जगहों पर रह नहीं सकता, न ही वह कुछ सड़कों पर चल सकता है। यानी दुनियाभर में लोगों के साथ ऐसा दोयम व्यवहार होता है।

अगर कोई आपको पल्लार, परयर कहकर पुकारता है और आपसे खराब व्यवहार करता है, तो मैं कहूँगा कि वह आपसे भी बुरी स्थिति में है। आपका जाति नाम किसी भी तरह उन लोगों के जाति नाम से भिन्न नहीं है, जो आपको अपने से कमतर समझते हैं। अगर कोई मुझसे पूछे कि पल्लार, परयर या शूद्र कहे जाने में सबसे ठीक क्या है? तो इसके उत्तर में मैं कहूँगा कि कभी किसी को शूद्र मत कहिए। पल्लार और परयर कहा जाना, तो फिर भी बेहतर है। इसलिए, क्योंकि शूद्र नाम में जो भाव छिपा है, वह अन्य जातियों से खासा कमतर है। पल्लार और परयर तो अपने माता-पिता की सन्तान होते हैं; जबकि शूद्रों को ब्राह्मणों की रखैल की सन्तान माना जाता है। आप कह सकते हैं कि मौजूदा सरकार ऐसा नहीं मानती है। परन्तु, अगर पुराना रामराज्य वापस आया, तो स्थिति ठीक यही होगी; जो मैंने कहा।

आज भी त्रावणकोर में जहाँ रामराज्य है, वहाँ स्थिति ऐसी ही है। वहाँ अगर आप किसी पक्के नायर से पूछेंगे कि तुम किसके बेटे हो? पिता का नाम क्या है? तो वह उत्तर में कहेगा कि मैं फलाने नंबूदरी का बेटा हूँ। मैं अमुक नंबूदरी से पैदा हुआ हूँ। वह अपने आपको एक नायर का बेटा बताने

में शरमाएगा। उसके ऐसा कहने की वजह यह है कि वहाँ रामराज्य है। एक सच्चे हिन्दू राज्य में कोई व्यक्ति इच्छा के मुताबिक पिता बदल सकता है और सम्बन्धित व्यक्ति की इच्छा से एक महिला कई पुरुषों की पत्नी हो सकती है। यहाँ शूद्र शब्द का लगभग यही अर्थ है।

आप खुद को वेललार कहलवाना चाहते हैं। वन्नियार खुद को क्षत्रिय कहलवाना चाहते हैं। चेट्टियार खुद को वैश्य कहलवाना चाहते हैं। अगर पूछा जाए कि यह सब क्यों? क्योंकि, यह तो खुद को गिराने के समान है; तो आपकी तरफ से उत्तर मिलता है कि क्या हुआ, हम तो केवल अपने माता-पिता सुधार रहे हैं और आप हैं कि हमें नीचे धकेल रहे हैं?

कुछ नडार सज्जनों ने केवल आर्यों का अनुकरण करने की कोशिश में पूनुल (यज्ञोपवीत) धारण किया। जब उनसे उसे हटाने को कहा गया, तो उन्होंने उत्तर में कहा कि उन्हें इसे धारण करने में लम्बा अरसा लगा है और काफी लम्बा संघर्ष करना पड़ा है और इससे पहले कि यह पुराना भी पड़े आप हमें इसे उतारने को कह रहे हैं? यानी यह स्पष्ट है कि क्षत्रिय, वैश्य, वेललार कहलाने की कोशिश या पवित्र धागा धारण करना यह बताता है कि यह भावना अभी मौजूद है कि हमसे ऊँची जातियाँ अस्तित्व में हैं। ऐसी कोशिश करने वाले यह मानते हैं कि वे औरों से कमतर हैं। जो व्यक्ति खुद को उच्च जाति का क्षत्रिय और वैश्यों से ऊपर मानता है और वैश्यों को शूद्रों से बेहतर मानता है, वह भी शेष दोनों से एक समान निम्न व्यवहार करता है।

उसके लिए शेष तीनों जातियों में कोई फर्क नहीं। क्या आपने ऐसा होते देखा नहीं और क्या आपको कभी रेलवे टिफिन सेंटर या होटल जाते वक्त इस बात का अहसास नहीं हुआ? यहाँ दो स्थान होते हैं—एक स्थान पर ब्राह्मण बैठकर भोजन करते हैं और दूसरी जगह क्षत्रिय, वैश्य और शूद्र बैठकर भोजन करते हैं। आपको वहाँ क्या अन्तर नजर आता है? क्या इससे यह संकेत नहीं जाता है कि ब्राह्मण औरों से श्रेष्ठ हैं; जबकि शेष तीनों जातियाँ एक समान हैं? तब फिर आप क्यों कहते हो कि आप क्षत्रिय, वैश्य या वेललार हो और आप ऐसी स्थिति में ऊँची या नीची जाति की बात ही

क्यों करते हो? क्या आपको यह समझ में नहीं आता है कि ये सारे आपकी एकता भंग करने के धूर्ततापूर्ण उपाय हैं? जातियों के बँटवारे से केवल एक जाति को लाभ होता है; बाकी सभी की एकता भंग होती है।

इसलिए, हमें इस नतीजे पर पहुँचना होगा कि जाति की वजह से होने वाले अत्याचारों का खात्मा होना चाहिए या नहीं? दूसरी बात हमें इस नतीजे पर भी पहुँचना होगा कि किसी व्यक्ति के लिए उच्च जाति या निम्न जाति जैसी कोई चीज नहीं होती। जाति-प्रथा का चाहे जो भी आधार हो, इसे तत्काल नष्ट किया जाना चाहिए। अगर आप ऐसा नहीं करते हैं और सोचते हैं कि फिर भी जाति-प्रथा को खत्म किया जा सकता है; तो यह वैसा ही है, जैसे कोई मूर्ख व्यक्ति पेड़ की ऊँची शाखा पर बैठकर उसके निचले हिस्से को काट रहा हो। जाति और आचार संहिता जैसी बातों ने ही धर्म रूपी वृक्ष को संरक्षण दे रखा है। जाति को धर्म से अलग करना होगा। अगर ऐसा नहीं किया गया और अगर जाति और धर्म आपस में जुड़े रहे, तो दोनों का नष्ट होना अपरिहार्य है।

उच्च जाति के धूर्त व्यक्तियों ने अत्यन्त धूर्ततापूर्वक जाति और धर्म को आपस में जोड़ दिया; ताकि उनको अलग करना मुश्किल हो जाए। इसलिए, जब आप जाति को नष्ट करने का प्रयास करते हैं, तो आपको यह डर नहीं लगना चाहिए कि धर्म भी नष्ट हो जाएगा। क्योंकि, ऐसा होना अनिवार्य है। जाति और धर्म के वृक्षों को एक साथ जलाकर राख करना होगा। लेकिन, इसमें एक समस्या भी है। धर्म वेदों, पुराणों आदि से आबद्ध है। इसलिए, उसे पहले वेदों और पुराणों से मुक्त करना होगा। यह बन्धन बहुत मजबूत है और इसमें अलगाव सम्भव नहीं है। यहाँ भी इन दोनों को एक साथ ही नष्ट करना होगा। वेदों का सम्बन्ध ईश्वर से है। इसलिए ईश्वर से भी निपटना होगा।

अगर आप वेदों से मजबूती से पेश आते हैं, तो ईश्वर को भी झटका लगेगा। यहाँ पर किसी भी व्यक्ति के लिए दुविधा की स्थिति बन सकती है। लेकिन, ईश्वरीय सत्ता को हिलाने से भी भयभीत होने की आवश्यकता नहीं है। जाति धर्म, वेद, ईश्वर सभी को नष्ट किया जाना चाहिए। वे एक-दूसरे से इस कदर जुड़े हुए हैं कि उनमें से किसी को भी अलग कर पाना या उनको

अलग-अलग नष्ट कर पाना मुश्किल है। ऐसे में जब हम उन सभी को एक साथ नष्ट करेंगे, तो यदि उनमें से किसी में जरा-सा भी दम होगा, तो वह नष्ट होने से बच जाएगा। इसलिए, जब हम जाति-व्यवस्था को नष्ट करना चाहते हैं और धर्म भी नष्ट होता है; तो होने दें। हम ऐसा धर्म नहीं चाहते, जिसमें जाति-व्यवस्था जैसी गड़बड़ी हो। उसे नष्ट हो जाने दीजिए; आज और अभी। जब आप धर्म को जलाते हैं, तब अगर वेद भी जल जाता है, तो जलने दीजिए। जब आप वेद को जलाएँ, तब अगर ईश्वर भी जलता है, तो उसे जल जाने दीजिए। हमें ऐसे ईश्वर की आवश्यकता नहीं।

जाति के अत्याचारों के कारण मनुष्य की स्थिति अपशिष्ट पदार्थ से भी बुरी रही है। यह सच है, केवल जुमलेबाजी नहीं। एक व्यक्ति जो नित्यक्रिया से निपटने जाता है, वह पानी भरे बर्तन से उस क्षेत्र को साफ करता है। अगर गलती से भी किसी का हाथ या पाँव मल से टकरा जाए, तो वह अपने हाथ या पैर को धोकर साफ करता है। लेकिन, अगर कोई इनसान किसी अन्य इनसान से टकरा जाए, तो ऐसा माना जाता है मानो वह सर से पैर तक पूरी तरह दूषित हो गया। तब कहा जाता है कि जब तक वह व्यक्ति सर से पैर तक पानी से नहा नहीं लेता, तब तक यह प्रदूषण जाने वाला नहीं है। जाहिर है मनुष्य की स्थिति मल से भी गई-गुजरी है। अगर एक व्यक्ति दूसरे व्यक्ति को छू दे, तो भला इससे क्या नुकसान होने वाला है? यह किस तरह का प्रदूषण है? यह क्या कोई अपराध है? नहीं; तो फिर इसे दोष क्यों कहा जाता है? ऐसा करना केवल दूसरों को मूर्ख बनाकर जीवन व्यतीत करने के समान है।

कुछ लोग कहते हैं कि अमुक जाति के लोगों को नहाकर अपने शरीर को साफ करना चाहिए; ताड़ी नहीं पीनी चाहिए; मांस नहीं खाना चाहिए। जो लोग ऐसा कहते हैं, वे खुद को सुधारवादी बताते हैं। मैं यह नहीं कहता कि इन लोगों को साफ नहीं रहना चाहिए। न ही मैं कहता हूँ कि उनको ताड़ी या अरक पीना ही चाहिए या मांस खाना ही चाहिए। लेकिन, उनको केवल इस आधार पर नीचा दिखाने का काम नहीं किया जाना चाहिए।

मैं ऐसे लोगों को सलाह देने वालों से पूछना चाहता हूँ कि क्या वे ऐसे लोगों को नहीं छूते, जो नहाते नहीं या ताड़ी पीते अथवा मांस खाते

हैं? क्या वे रोज जितने लोगों को छूते हैं या जितने लोगों से संवाद करते हैं, वे सभी रोज स्नान करते हैं? क्या वे मांस नहीं खाते? क्या वे ताड़ी या अरक नहीं पीते? मैं सप्ताह में केवल दो दिन नहाता हूँ? चूँकि मैं निरन्तर यात्रा पर रहता हूँ; इसलिए मैं इससे ज्यादा नहीं नहा पाता। मेरे जैसे तमाम लोग हैं। क्या वे ऐसे लोगों को नहीं छूते? दुनिया में 99 प्रतिशत लोग मांस खाते हैं। पीने की परम्परा भी सभी जातियों में है। क्या ये लोग इन तमाम लोगों को नहीं छूते?

क्या हमारे यहाँ होने वाली तमाम ताड़ी और सारा मांस केवल वही लोग खाते-पीते हैं, जिनको अस्पृश्य कहा जाता है? कुछ लोग कहते हैं कि ये लोग गोमांस खाते हैं। जो लोग हम पर शासन करते हैं, वे पूरी तरह गोमांस खाने वाले हैं। जिन लोगों ने गोमांस-भक्षियों को अपना शासक स्वीकार कर लिया है और उनके अधीन हैं; उनको हमारे किसी भाई-बन्धु के गोमांस खा लेने से भला ऐसी क्या आपत्ति है? क्या ये बातें बेतुकी, बेशर्मी भरी और एक तरह के श्रेष्ठताबोध से संचालित नहीं हैं? मुस्लिम भी गोमांस खाते हैं। ये लोग इस मुद्दे पर उनसे क्यों नहीं लड़ते?

कुछ अन्य लोगों का कहना है कि वे मृत गायों और बैलों का मांस खाते हैं। यदि ऐसा है भी, तो उन तक भला किस तरह का प्रदूषण पहुँचता है? क्या भयभीत और चीखती-चिल्लाती गाय को मारकर खाना बेहतर या मृत और दफनाए जाने को तैयार गाय को मारकर खाना? वह भी तब, जबकि गरीबी ने कोई अन्य विकल्प नहीं छोड़ा हो। क्या यह कोई पाप है? कीड़ों को खाने वाली मुर्गियाँ, गंदगी खाने वाले सूअर की तुलना में घास और खली खाने वाले मृत गाय और बैल को खाना खराब काम कैसे हो गया?

अगर किसी व्यक्ति के पास नहाने का कोई जरिया ही न हो, तो वह भला कैसे नहाएगा? आप मठाधीशों और तथाकथित संतों को बन्द कर दीजिए। उनको एक महीने तक नहाने और मुँह-दाँत आदि धोने के लिए पानी मत दीजिए। क्या उनके मुँह से बदबू नहीं आएगी? क्या उनका शरीर बदबू नहीं देगा? क्या उनके कपड़े गंदे नहीं होंगे? ऐसा क्यों होगा? क्या ऐसा उनको पानी नहीं देने के कारण होगा? या इसमें उनकी पैदाइश की कोई भूमिका होगी?

जब तथाकथित अस्पृश्यों को पीने का पानी नहीं दिया जाता, तो फिर यह कहना निहायत मूर्खतापूर्ण है कि वे नहाते नहीं हैं। जब उसे इतना कम पैसा मिलता है और उसकी कड़ी मेहनत से मामूली आय होती है और जब वह ऐसी सामाजिक स्थिति में है कि मांस नहीं खरीद सकता, तो वह मृत गाय या बकरी का मांस खाने के अलावा क्या कर सकता है? उसे अपनी आजीविका के लिए तमाम कठिन स्थानों पर जाना होता है। फिर चाहे कड़ी धूप हो, कड़ाके की ठंड हो, विकट बारिश हो रही हो या वह पसीने में लथपथ हो। अगर वह शारीरिक थकान मिटाने के लिए ताड़ी पीता है, तो क्या वह इसलिए दूसरों से कमतर हो जाएगा?

मैं इन जगहों पर इनकी सामाजिक स्थिति के बारे में नहीं जानता। हमारे यहाँ तो इस जाति को तालाबों और जलाशयों तक पर नहाने की इजाजत नहीं है; जबकि वहाँ जानवरों तक को नहलाया जा सकता है। इनको उन नहरों तक में नहाने की इजाजत नहीं है, जिनके जरिये पानी कुओं से खेतों तक पहुँचाया जाता है। इन बातों के लिए कौन उत्तरदायी है? क्या यह सब जन्म से जुड़ा है? या फिर यह जातीय गौरव से लैस लोगों की करतूत है?

हमने सब कुछ निष्पक्ष ढंग से किया; धर्म के अनुशासन का पालन, शास्त्रों का पालन, ईश्वर के प्रति आस्था का प्रदर्शन आदि करने में असीम धैर्य का परिचय दिया। यह सब इसलिए, ताकि हमारी जीवन परिस्थितियों में कुछ सुधार आए। हमने सब कुछ शान्तिपूर्ण अन्दाज में किया; धर्म और ईश्वर के प्रति श्रद्धा का प्रदर्शन किया। परन्तु, धैर्य और शान्ति प्रदर्शन की एक सीमा है। अब वह सीमा टूट चुकी है। अब धर्म, वेद या ईश्वर की आज्ञा का पालन नहीं किया जाएगा।

वे कहते हैं कि पुराणों में कोई कमी मत निकालो। इन पुराणों ने नन्दन को नयनार और पन्नन को अलवार बना दिया। ठीक है; हम खामोश रहते हैं। लेकिन, अगर यह सच है कि नन्दन को स्वर्ग जाने का अवसर मिला या उसे मुक्ति मिली, तो उसके बेटे को मन्दिर जाने की इजाजत क्यों नहीं दे रहे हो? अगर यह सच है कि पन्नन को अलवार बना दिया गया था, तो उसके पोते को मन्दिर जाने से क्यों रोका जाता है? आप नन्दन और पन्नन के लिए

एक-एक पत्थर रखते हैं और चाहते हैं कि लोग उनके नाम पर पोंगल अर्पित करें। आप ऐसा करके धन कमाना चाहते हैं। आप उनके नाम पर और क्या-क्या कर रहे हैं? अगर नन्दन ऐसा कर सकता है, तो हम क्यों नहीं? अगर हम ऐसे प्रश्न पूछते हैं, तो वे कहते हैं कि नन्दन ने मन्दिर प्रवेश के पहले आग में प्रवेश किया; इसलिए तुम भी ऐसा ही करो। यानी अगर हम मन्दिर जाना चाहें, तो हमें पहले आग पर चलना होगा। ऐसे तो हम जलकर राख हो जाएँगे। प्रवेश की तो बात ही छोड़ दीजिए।

यानी जाति के बन्धन को हर हाल में खत्म किया जाना चाहिए। जातिगत भेदभाव दूर करने की कोशिश में तमाम बलिदान दिए जाने चाहिए। हमें इस सम्मेलन में पारित प्रस्तावों को क्रियान्वित करना चाहिए। हर किसी को आगे आकर इनसे प्रतिबद्धता जतानी चाहिए। पल्लार कहकर पुकारा जाए या वेललार, इसमें समय गँवाने में कोई तुक नहीं है। पश्चिमी देशों में कई चीजों पर शोध किया जा रहा है और हम यहाँ नामों को लेकर लड़ रहे हैं। अगर आप अपने आपको देवेन्द्र कुला ब्राह्मण कहेंगे, तो भी क्या होगा? मैं उन लोगों की पीड़ा से भी अवगत हूँ; जिन्होंने अपने जाति नाम में ब्राह्मणों का नाम जोड़ लिया है। विश्व ब्राह्मण, देवांग ब्राह्मण, सौराष्ट्र ब्राह्मण आदि ऐसे ही नए नाम हैं।

मुझे पता है उनकी हालत क्या है? एक आदि द्रविड़ को किसी घर से चाहे जितनी गालियाँ मिलती हों; वह वही खाएगा, जो उसे उस घर से दिया जाएगा। जहाँ उसे खड़ा किया जाएगा, वह खड़ा होगा और जो उसे दिया जाएगा, वह ले लेगा। लेकिन, वह विश्व ब्राह्मण के घर से दिया गया पानी तक नहीं छुएगा। अगर आप उससे इसकी वजह पूछेंगे, तो आपसे कहा जाएगा कि विश्व ब्राह्मण इदक्कैयार यानी बाएँ हाथ वाले हैं; जबकि हम सभी वलंगई यानी दाएँ हाथ वाले हैं। तो जिन लोगों ने अपने जाति नाम में ब्राह्मण शब्द जोड़ लिया है, उनकी यह स्थिति है।

मुझे तो देवेन्द्र कुला नाम भी अपमानजनक लगता है। मुझे नहीं पता आप लोगों का नाम ऐसा क्यों है? लेकिन, देवेन्द्रन शब्द अपने आप में अश्लील है। क्योंकि, देवेन्द्र से जुड़ी तमाम कहानियों में उसका चित्रण ऐसा

ही है। उसे तो एक वेश्या पुत्र से भी बुरा माना जाता है। किसी एक जाति को कई नामों के साथ विभिन्न उपजातियों में नहीं बाँटा जाना चाहिए। नायकरों में भी कई तरह के भेद हैं। चेट्टीज और पिल्लई में भी ऐसे ही अन्तर हैं।

मद्रास में एक परियाह भी अपने आप को पिल्लई बुलाता है। पल्लन भी खुद को पिल्लई कहता है। चूँकि, मद्रास में रहने वाले पल्लन और परियाह अपना नाम बदलकर पिल्लई कर चुके हैं; इसलिए यहाँ रहने वाले युवाओं ने भी अपना नाम हवाई जहाज की तरह तीव्र गति से बदला और वे मुदलियार हो गए। ऐसी प्रवृत्ति से बचा जाना चाहिए। हमें अपने विचारों से जाति-भेद को नष्ट करना होगा। हम अपनी जन्म-जाति को नीचा समझें और खुद को दूसरों से कमतर समझकर उनके समक्ष आत्मसमर्पण कर दें; इससे बुरा कुछ नहीं हो सकता। हमें ऐसे विचारों का पालन नहीं करना चाहिए।

इन्हीं शब्दों के साथ मैं अपनी आरम्भिक टिप्पणी समाप्त करता हूँ। मैं यहाँ हुए स्वागत के लिए स्वागत समिति के प्रति आभार प्रकट करता हूँ।

(त्रिची में 29 सितम्बर, 1929 को दिया गया भाषण।
द्रविड़न डेली—5 अक्टूबर, 1929)

(अंग्रेजी से अनुवाद : पूजा सिंह)

परिशिष्ट

पेरियार : जीवन का वर्षवार लेखा-जोखा

मैं कौन हूँ?

"मेरा परिवार एक रूढ़िवादी परिवार है। इसने मन्दिर और सराय बनवाने तथा भूखों को भोजन उपलब्ध कराने आदि का उपाय किया। परिवार के सदस्यों ने ऐसे परोपकारी कार्यों के लिए खुलकर दान भी दिया। एक ऐसे परिवार में पैदा होने के बावजूद कई लोग मुझे क्रान्तिकारी और चरमपंथी कहते हैं। उनके इस विचार के पीछे कारण यह है कि मैं अपने समाज के कुछ ऐसे पहलुओं पर चोट करता हूँ, जो हमें नीचा दिखाते हैं। मेरा जोर इस बात पर है कि जब तक हमारा भरोसा हिन्दू-धर्म, हिन्दू देवताओं, हिन्दू शास्त्रों, पुराणों, वेदों और इसके इतिहास में है और जब तक हम इनका अनुसरण करते हैं, तब तक हमारा दमन और शोषण जारी रहेगा और हम समाज की इन असमान स्थितियों से कभी उबर नहीं पाएँगे। ऐसी सड़ी हुई स्थिति से बाहर निकलने के बजाय जो केवल इनका पालन करने में लगा रहेगा, भले ही वह कितनी भी बेहतर स्थिति में आ जाए; पर वह खुद को इस अवनति से उबार नहीं पाएगा। मेरा कहना केवल यह है कि हर वह व्यक्ति, जो खुद को सुधारवादी कहता है; उसे यह समझना ही चाहिए।"

(कानपुर में दिए भाषणों से 29-30-31.12.1944,
रिपब्लिक 19.1.1945)

"मैंने, यानी ई.वी. रामासामी ने द्रविड़ समाज के सुधार का काम अपने हाथों में लिया है और मैं इसे आत्मसम्मान और गौरव से भरे हुए समाज में बदलना चाहता हूँ। मैं इस काम में न केवल पूरी तरह जुटा हुआ हूँ, बल्कि इसके प्रति पूर्ण रूप से समर्पित भी हूँ। मुझमें यह सेवा करने की काबिलियत है अथवा नहीं; यह बात दीगर है। क्योंकि, कोई और यह काम करने के लिए आगे नहीं आ रहा है। इसलिए, मैं इसे करने के लिए वचनबद्ध हूँ। मेरा इसके अतिरिक्त कोई अन्य लाभ नहीं है। मैं अपनी नीतियाँ और योजनाएँ तार्किक ढंग से तैयार करता हूँ। मुझे लगता है कि मुझमें यह करने की क्षमता है। अगर कोई समाज की सेवा करना चाहता है, तो इतना पर्याप्त है।"

(स्रोत : पांडुलिपि)

17 सितम्बर, 1879

तमिलनाडु के इरोड कस्बे में ई.वी. रामासामी पेरियार का जन्म हुआ। इनके पिता का नाम वेंकट नायकर और माँ का नाम चिन्ना थयम्मल उर्फ मुथम्मल था। पेरियार के पिता एक लोकप्रिय व्यापारी थे।

1898

तेरह वर्षीया नगम्मल से पेरियार का विवाह हुआ। उन्होंने अपनी रूढ़िवादी पत्नी के मस्तिष्क में तार्किक विचारों के बीज बोए।

1904

पेरियार गंगा नदी के तट पर स्थित प्रसिद्ध हिन्दू तीर्थस्थल काशी (वाराणसी) पहुँचे, जहाँ उनको धर्मशालाओं आदि में नि:शुल्क भोजन नहीं मिल सका।

पता चला कि यह सुविधा केवल ब्राह्मणों के लिए है; जबकि शेष हिन्दू जातियाँ इससे वंचित हैं।

कुछ दिनों तक भूखे रहने के बाद खूबसूरत युवक पेरियार ने ब्राह्मण का वेश धारण किया। कंधे पर एक यज्ञोपवीत डाला और धर्मशाला में भोजन करने जा पहुँचे। लेकिन, उनकी मूँछों ने उन्हें धोखा दे दिया। द्वारपाल ने न केवल उन्हें प्रवेश करने से रोक दिया, बल्कि बहुत बेरुखी से सड़क पर धकेल दिया।

उस वक्त चूँकि भीतर भोज समाप्त हो गया था, तो खाने के जूठी पत्तलें सड़क पर फेंक दी गई थीं। कई दिनों की भूख से तड़प रहे रामासामी ने मजबूर होकर गली में पड़ी जूठी पत्तलों में बचा-खुचा खाना खाया। इस दौरान तमाम कुते भी उनके साथ उन्हीं पत्तलों में बचा-खुचा खाना खा रहे थे।

खाना खाते समय रामासामी की नजर सामने की दीवार पर उकेरे गए कुछ शब्दों पर पड़ी। वहाँ लिखा था—'उक्त धर्मशाला खासतौर पर सर्वोच्च वर्ण यानी ब्राह्मणों के लिए है। इस धर्मशाला का निर्माण तमिलनाडु के एक अमीर द्रविड़ व्यापारी ने करवाया था।' अचानक रामासामी के मन में कुछ प्रश्न पैदा हुए। मसलन, 'जब यह धर्मशाला एक द्रविड़ व्यापारी की बनवाई हुई है, तो ब्राह्मण अन्य द्रविड़ों को यहाँ भोजन करने से भला कैसे रोक सकते हैं? आखिर क्यों ब्राह्मण इतना क्रूर व्यवहार करते हैं कि वे द्रविड़ समेत अन्य समुदायों को भूखा मारने तक में गुरेज नहीं करते और उनकी यह जाति-व्यवस्था लोगों की जान तक ले लेती है?'

उक्त प्रश्नों पर अपनी शंका के समाधान के लिए उन्हें कोई उचित उत्तर नहीं मिल सका।

काशी में ब्राह्मणों की वजह से हुए अपमान ने पेरियार के हृदय में गहरे जख्म कर दिए। इस वजह ने उनके मन में आर्य नस्ल तथा उसके असंख्य देवी-देवताओं के प्रति गहरी घृणा पैदा कर दी।

यद्यपि काशी को ब्राह्मण सर्वाधिक पवित्र शहर मानते हैं; लेकिन यहाँ अनैतिक गतिविधियाँ, वेश्यावृत्ति, धोखाधड़ी, लूट, भीख माँगने जैसी घटनाएँ इतनी ज्यादा थीं कि पेरियार का इस तथाकथित पवित्र शहर से पूरी

तरह मोहभंग हो गया। परिणामस्वरूप कुछ समय बाद अपने संन्यास पर पुनर्विचार कर वे दोबारा गृहस्थ जीवन की ओर लौट गए। इरोड वापस पहुँचने पर उनके पिता ने अपना पूरा कारोबार अपने इस दूसरे पुत्र को सौंप दिया। उन्होंने अपने सबसे बड़े व्यापारिक प्रतिष्ठान का नाम रखा—ई.वी. रामासामी नायकर मंडी।

1905 और उसके बाद

नि:स्वार्थ समाज सेवा : ई.वी. रामासामी इरोड के जाने-माने उद्योगपति तो थे ही; इसके अलावा उन्होंने नि:स्वार्थ समाज सेवा करते हुए भी सार्वजनिक जीवन में अपना स्थान बनाया। एक उल्लेखनीय घटना इस प्रकार है—'एक बार इरोड में प्लेग की घातक और संक्रामक बीमारी फैली। सैकड़ों लोग मारे गए और हजारों लोग अपनी जान बचाने के लिए वहाँ से भाग खड़े हुए। लेकिन, रामासामी ने अन्य अमीर व्यापारियों की तर्ज पर अपनी जन्मभूमि नहीं छोड़ी। प्लेग के संक्रमण से भयभीत होकर सन्तानों और करीबियों द्वारा त्याग दिए गए शवों को उन्होंने खुद श्मशान पहुँचाया; ताकि उनका अन्तिम संस्कार हो सके।'

इरोड की 'बाजार स्ट्रीट' के व्यापारियों पर उनका जबरदस्त प्रभाव था। उन्होंने अपनी निष्पक्षता और सही निर्णय लेने की क्षमता की मदद से व्यापारियों के कई विवाद सुलझाए।

अपनी युवावस्था में वे तमिल विद्वान, पंडित शिरोमणि अयोथी थास से प्रभावित थे; जो अपने तर्कों और बौद्ध सिद्धान्तों की मदद से जाति-व्यवस्था और ब्राह्मणवादी हिन्दू-धर्म की जमकर आलोचना करते थे।

हिन्दू-धर्म और उसमें शामिल जाति-व्यवस्था खासतौर पर द्रविड़ नस्ल के दमन के लिए ब्राह्मणों द्वारा ईजाद की गई। अस्पृश्यता की क्रूरता के प्रति तमाम नफरतों के बावजूद अपनी ईमानदारी और काम करने की क्षमता के कारण ई.वी. रामासामी को कई सरकारी संस्थानों में माननीय पदों पर काम करने का अवसर मिला।

ब्रिटिश सरकार ने पेरियार को मानद मजिस्ट्रेट भी बनाया था। इसके अलावा उन्हें जिला बोर्ड, तालुका बोर्ड, शहरी बैंक, देवस्थानम, शासकीय पुस्तकालय, युद्ध भर्ती समिति, कृषिविदों के संघ, व्यापारी संघ, महाजन स्कूल समिति समेत करीब 29 सरकारी संस्थानों में अध्यक्ष, उपाध्यक्ष, सचिव जैसे पद सँभालने के अवसर मिले।

1918

इरोड नगरपालिका के चेयरमैन बने। उन्होंने कई प्रभावशाली कल्याणकारी योजनाओं को लागू किया। खासतौर पर पेयजल योजना को कुशलतापूर्वक क्रियान्वित किया। जिस समय पेरियार इरोड नगरपालिका के चेयरमैन थे, उस समय उनके और चक्रवर्ती सी राजगोपालाचारी के बीच मित्रता हुई। बाद में राजगोपालाचारी भारत के गवर्नर जनरल बने।

1919

मि. वरदराजुलु नायडू और सी. राजगोपालाचारी ने पेरियार पर दबाव डाला कि वे महात्मा गांधी के नेतृत्व वाली भारतीय राष्ट्रीय कांग्रेस में शामिल हो जाएँ। आखिरकार पेरियार ने इरोड नगरपालिका के चेयरमैन पद से इस्तीफा दे दिया और कांग्रेस पार्टी के सदस्य बन गए।

1920

महात्मा गांधी द्वारा ब्रिटिश शासन के विरुद्ध शुरू किए गए असहयोग आन्दोलन में जमकर भागीदारी की तथा उनके आह्वान पर सभी 29 सार्वजनिक पदों से इस्तीफा दे दिया। उन्होंने उस पारिवारिक कारोबार तक को बन्द कर दिया, जो सालाना 20,000 रुपए की आय दे रहा था। यह वह समय था, जब एक स्वर्ण मुद्रा का मूल्य 10 रुपए से अधिक नहीं था। उन्होंने इरोड में पहली बार लगी

धारा 144 का उल्लंघन किया और दुकानों के बाहर धरना देने के कारण गिरफ्तार किए गए। पेरियार ने गांधी को अपना नेता स्वीकार किया और उन पर भरोसा किया। इस तरह एक सच्चे अनुयायी के रूप में वे गांधी के कहे हर शब्द का पालन करते थे।

ऐसा ही एक उदाहरण है—हाथ से खादी का कपड़ा बुनना। जैसे ही गांधी की ओर से खादी के कपड़े पहनने का निर्देश जारी हुआ; पेरियार ने तत्काल अपने महँगे विदेशी वस्त्र त्याग दिए और खादी पहनना शुरू कर दिया। इतना ही नहीं, उन्होंने अपने परिवार के सभी सदस्यों को भी केवल खादी के कपड़े पहनने पर मजबूर किया; जिनमें उनकी 80 वर्ष की माँ भी शामिल थीं। जीवन के अब तक के सुखों को त्यागकर उन्होंने हर पहलू में सादगी को अपना लिया।

1920

शराबबन्दी की नीति पर पहली बार पेरियार के घर पर ही विचार किया गया था। जब गांधी इरोड आए और उनके आवास पर रुके, तो उनकी पत्नी नगम्मल और उनकी बहन कन्नम्मल ने उन्हें बताया कि कैसे शराब पीने वाले लोग अपनी पत्नियों को बुरी तरह प्रताड़ित करते हैं। इन महिलाओं ने काफी जोर दिया कि शराबबन्दी की नीति तैयार की जानी चाहिए। उन्होंने इस सम्बन्ध में विरोध-प्रदर्शन शुरू करने का अनुरोध भी किया।

गांधी ने इस उपयोगी सलाह को एक बार में ही स्वीकार कर लिया। उन्होंने घोषणा की कि कांग्रेस पार्टी के लोगों को देश भर में ताड़ी की दुकानों के सामने प्रदर्शन करना चाहिए और ब्रिटिश सरकार से यह माँग करनी चाहिए कि वह शराबबन्दी लागू करे। गांधी ने शराबबन्दी को लेकर जो निर्देश दिए, उनका पालन करते हुए पेरियार ने अपने विशाल प्रांगण में से ताड़ के 500 वृक्ष कटवा दिए। इनसे ताड़ी निकाली जाती थी। यह उनकी प्रतिबद्धता की एक बानगी भर है।

1921

इरोड में पेरियार ने प्रदर्शनकर्ताओं का नेतृत्व किया और ताड़ी की दुकान के सामने धरना दिया। उनको गिरफ्तार किया गया और एक महीने की कैद की सजा सुनाई गई।

1922

उनकी पत्नी नगम्मल और बहन कन्नम्मल भी इस आन्दोलन में शामिल हो गईं और उन्होंने शराब की दुकानों के सामने धरना-प्रदर्शन करने वाली महिलाओं का नेतृत्व किया।

जब कांग्रेस की शीर्ष पंक्ति के कुछ नेताओं ने महात्मा गांधी से प्रदर्शन रोकने का आग्रह किया, तो उन्होंने गम्भीरतापूर्वक कहा कि यह फैसला लेना उनके हाथ में नहीं है; बल्कि इरोड की दो महिलाओं के हाथ में है। उनका इशारा पेरियार की पत्नी और बहन की ओर था।

उसके बाद पेरियार तमिलनाडु कांग्रेस कमेटी के अध्यक्ष बने। तिरुपपुर में आयोजित पार्टी के प्रान्तीय सम्मेलन में उन्होंने एक प्रस्ताव पारित किया; जिसमें कहा गया था कि द्रविड़ नस्ल के सभी 'अस्पृश्यों' को पूजा-अर्चना के लिए मन्दिर में प्रवेश की इजाजत मिलनी चाहिए। लेकिन, कांग्रेस कमेटी के ब्राह्मणों ने इस प्रस्ताव को पारित करने पर आपत्ति जताई। जाति की इस समस्या से नाराज पेरियार ने घोषणा की कि वे 'मनुस्मृति' और 'रामायण' आदि पुस्तकों को जलाएँगे। क्योंकि, इन पुस्तकों का प्रयोग कुटिल ब्राह्मणों द्वारा अपने धार्मिक हथियार के तौर पर किया जाता है। इन हथियारों की मदद से वे द्रविड़ नस्ल के लोगों को जाति और अन्धविश्वास में फँसाकर दबाने का काम करते हैं।

1923

पंगल के राजा की अध्यक्षता वाली जस्टिस पार्टी की सरकार ने मद्रास राज्य विधायी परिषद् में एक अधिनियम पारित किया। इस कानून के तहत हिन्दू

धार्मिक बन्दोबस्ती बोर्ड बनाया जाना था; ताकि हिन्दू मन्दिरों में ब्राह्मणों द्वारा किया जाने वाला शोषण समाप्त किया जा सके।

हालाँकि, पेरियार कांग्रेस के नेता थे; लेकिन फिर भी उन्होंने जस्टिस पार्टी सरकार के कानून का समर्थन किया। इसलिए, क्योंकि वह सामाजिक न्याय के पक्षधर थे और हिन्दू आर्यों द्वारा प्रताड़ित द्रविड़ नस्ल के शिक्षा, रोजगार तथा आर्थिक अधिकारों को लेकर खासे चिन्तित रहा करते थे।

सामाजिक न्याय के योद्धा
1924

पेरियार ने जस्टिस पार्टी सरकार के उन प्रयासों की सराहना की, जिनके तहत वह शिक्षा और रोजगार के लिए सरकारी आदेश के जरिये जाति के आधार पर आरक्षण चाह रही थी। ब्राह्मण अस्पृश्यता जैसी क्रूर व्यवस्था का प्रयोग द्रविड़ों के दमन के लिए करते आए थे। पेरियार ने इस व्यवस्था को खत्म करने के लिए केरल के वायकॉम कस्बे में विरोध-प्रदर्शन का आयोजन किया। ऐसा उन्होंने सरकार के कायदे की अवमानना करते हुए किया था।

वायकॉम एक धार्मिक शहर था। लेकिन, वहाँ इड़वा समुदाय समेत किसी भी निचले तबके के व्यक्ति को मन्दिर के आसपास की गलियों में चलने तक की इजाजत नहीं थी। कांग्रेस पार्टी के लोगों ने इसके खिलाफ सत्याग्रह का आयोजन किया। उन्होंने पेरियार से अनुरोध किया कि वे तमिलनाडु से आएँ और इस सत्याग्रह का नेतृत्व सँभालें। पेरियार ने ऐसा ही किया। उनको गिरफ्तार करके जेल भेज दिया गया। इस मामले में उनको दो बार जेल की सजा हुई। दूसरी बार उनको छह महीने की सजा सुनाई गई। सत्याग्रह पूरे एक साल चला। इसके बाद इन गलियों को अस्पृश्यों के लिए खोल दिया गया।

यह सामाजिक बलिदान की और मानव अधिकारों की एक साहसिक लड़ाई थी; जिसमें जीत मिली। पेरियार को वायकॉम के नायक की उपाधि से नवाजा गया।

11 सितम्बर, 1924

पेरियार को पहले भी खादी के कपड़ों की वकालत और विदेशी वस्तुओं के बहिष्कार के लिए जेल की सजा हुई थी। तिरुवनवेली के निकट चेरनमाधवी में स्थित राष्ट्रीय प्रशिक्षण विद्यालय 'गुरुकुलम' छात्रावास के ब्राह्मण प्रभारी वीवीएस अय्यर ब्राह्मण एवं गैर-ब्राह्मण छात्रों में भेद किया करते थे। हालाँकि, इस संस्थान को तमिलनाडु कांग्रेस कमेटी और परोपकारी द्रविड़ उद्यमियों की ओर से वित्तीय सहायता मिलती थी। ब्राह्मण छात्रों को लेकर अय्यर के जातिवादी रुझान और इसकी वजह से द्रविड़ छात्रों को होने वाली दिक्कतों से पेरियार अत्यन्त क्रोधित हुए। अन्ततः इस समानतावादी नेता ने तमिलनाडु कांग्रेस कमेटी के सचिव पद से त्याग-पत्र दे दिया। इसके बाद पेरियार को तमिलनाडु कांग्रेस कमेटी का अध्यक्ष बना दिया गया। उन्होंने नवम्बर, 1924 में तिरुवन्नमलई में आयोजित कांग्रेस के प्रान्तीय अधिवेशन में यह पद ग्रहण किया।

वर्ष 1920 के बाद से वह लगातार कांग्रेस के सम्मेलनों में ऐसे प्रस्ताव पेश कर रहे थे, जिनमें सरकारी नौकरियों और शिक्षा के क्षेत्र में गैर-ब्राह्मणों (द्रविड़ों) को आरक्षण देने की माँग की जा रही थी। उनकी कोशिश थी कि इस तबके के लोगों को जीवन के हर क्षेत्र में उच्च पदों पर लाया जा सके और वे ब्राह्मणों से समानता हासिल कर सकें।

इसी तरह उन्होंने तिरुवन्नमलई कांग्रेस सम्मेलन में भी समानता प्रस्ताव रखा। लेकिन, ब्राह्मणों ने उसे पारित नहीं होने दिया। इससे पहले तिरुवनवेली (1920), तंजावुर (1921), तिरुपुर (1922) और सलेम (1923) में ऐसा हो चुका था। सलेम में एक सार्वजनिक आयोजन में बोलते हुए पेरियार ने चेतावनी दी थी कि जब तक ब्रिटिश शासन में गैर-ब्राह्मणों को सामुदायिक प्रतिनिधित्व नहीं मिल जाता है, तब तक ब्राह्मणों का वर्चस्व समाप्त नहीं होगा और द्रविड़ नस्ल को यूँ ही ब्राह्मनोक्रेसी यानी ब्राह्मणवाद के बोझ तले दबे रहना होगा। (द हिन्दू शताब्दी विशेष पृष्ठ क्रमांक-337)। इस तरह उन्होंने एक नया शब्द भी गढ़ा।

2 मई, 1925

पेरियार 'कुदी आरसु' नाम से एक तमिल साप्ताहिक पत्रिका का प्रकाशन किया करते थे, जिसके सम्पादन का भार भी उन्हीं पर था। इसका उद्‌देश्य द्रविड़ समुदाय के लोगों को ब्राह्मणों की क्रूर जाति-व्यवस्था और हिन्दू-धर्म के अन्धविश्वासों के कारण होने वाले दमन के प्रति जागरूक करना तथा उनमें आत्मसम्मान का भाव पैदा करना था। 'कुदी आरसु' का पहला अंक तमिल भाषा के जाने-माने धार्मिक विद्वान एवं प्रख्यात वक्ता तिरुप्पतिरिपलयार ज्ञनियार स्वामीगल ने जारी किया।

नवम्बर, 1925

एक बार फिर कांचीपुरम में कांग्रेस सम्मेलन का आयोजन हुआ, जिसकी अध्यक्षता महान तमिल लेखक, सम्पादक, वक्ता और मजदूर नेता तिरु वी. कल्याणसुन्दरम (टीवीकेएस) कर रहे थे। पेरियार ने यहाँ भी गैर-ब्राह्मणों का सामुदायिक प्रतिनिधित्व सुनिश्चित करने को लेकर प्रस्ताव पेश किया। हमेशा की तरह धूर्त ब्राह्मणों ने उसे पारित नहीं होने दिया। इस बात से नाराज पेरियार ने कांग्रेस पार्टी और उस पदानुक्रम का त्याग कर दिया, जिस पर पूरी तरह ब्राह्मणों का कब्जा और दबदबा था।

कांग्रेस से नाता तोड़ते वक्त पेरियार ने जोरदार ढंग से कहा कि उनका भविष्य का काम होगा पार्टी में हर तरीके से ब्राह्मण-राज को खत्म करना। सम्मेलन से उनके हटते ही पार्टी में प्रथम पंक्ति के तमाम नेता और स्वयंसेवक भी उनके साथ पार्टी छोड़कर चले गए। उसी कांचीपुरम कस्बे में पेरियार ने गैर-ब्राह्मणों का एक समांतर सम्मेलन आयोजित किया। अपने भाषण में उन्होंने कहा कि द्रविड़ों और आर्यों (ब्राह्मणों) के बीच नस्ली पहचान का अन्तर हमेशा से, बल्कि पुरातनकाल से रहा है; और कांग्रेस पार्टी में इसकी मौजूदगी से भी इनकार नहीं किया जा सकता है। इसलिए उन्होंने इस बात पर जोर दिया कि द्रविड़ लोगों को अपनी नस्ल के आत्मसम्मान, अपनी भाषा

और अपनी उस संस्कृति की रक्षा करनी चाहिए; जिसे ब्राह्मणों के रसूख, उनकी जाति-व्यवस्था और हिन्दू-धर्म के अन्धविश्वास ने कमतर कर दिया है।

पेरियार ने सन् 1925 में कांग्रेस पार्टी से बाहर निकलने के बाद आत्मसम्मान आन्दोलन की शुरुआत की।

1926

उन्होंने तमिलनाडु में तथा कई अन्य स्थानों पर गैर-ब्राह्मण सम्मेलनों में हिस्सा लिया और अपने आत्मसम्मान अभियान के सिद्धान्तों का प्रचार-प्रसार किया। उनकी कोशिश द्रविड़ नस्ल को जागरूक करने की थी; ताकि उनको ब्राह्मणों की दासता से मुक्त किया जा सके।

1927

पेरियार ने बैंगलोर (बंगलूरु) में कांग्रेस नेता मोहनदास करमचन्द गांधी से मुलाकात की और उनसे जोर देकर कहा कि जब तक जहरफली जाति-व्यवस्था यानी वर्णाश्रम धर्म को खत्म नहीं किया जाता है, तब तक ब्राह्मणों द्वारा जबरदस्त तरीके से व्यवहार में लाई जाने वाली 'अस्पृश्यता' को खत्म नहीं किया जा सकता है। उन्होंने सहानुभूतिपूर्वक गांधी से कहा कि भारत में आजादी के लिए लड़ने के पहले तीन दुश्मनों का खात्मा जरूरी है। ये दुश्मन थे—

(1) कांग्रेस पार्टी (जिस पर ब्राह्मण पदाधिकारियों का दबदबा था), (2) जाति-व्यवस्था वाला हिन्दू-धर्म और (3) समाज में ब्राह्मणों का दबदबा।

1928

पेरियार ने 7 नवम्बर, 1928 को 'रिवोल्ट' शीर्षक से अंग्रेजी पत्रिका प्रकाशित की।

1929

आत्मसम्मान आन्दोलन का पहला प्रान्तीय सम्मेलन पेरियार ने फरवरी, 1929 में चेंगलपट्टू में आयोजित किया। इस सम्मेलन की अध्यक्षता मिस्टर डब्ल्यू. पी.ए. सुन्दर पांडियन को सौंपी गई थी।

पेरियार ने एक नई तार्किक विवाह-पद्धति का चलन पैदा किया; जिसे 'आत्मसम्मान विवाह' का नाम दिया गया। इस विवाह-समारोह के दौरान सभी धार्मिक रीति-रिवाज तथा ब्राह्मणों द्वारा मंत्रोच्चार पूरी तरह प्रतिबन्धित थे। नवविवाहित जोड़े के लिए एक-दूसरे को माला पहनाना व मातृभाषा में विवाह की शपथ दोहराना पर्याप्त था। इस तरह के विवाह में फिजूलखर्ची की कोई जगह नहीं थी। क्योंकि, इसे बहुत सादगी से निपटाना था। पेरियार ने अपनी सुधरी हुई विवाह-प्रथा में इन तमाम शर्तों को शामिल किया था।

इस नई वैवाहिक-व्यवस्था में उन्होंने शादी को धर्मनिरपेक्ष बनाया। किसी भी धर्म का कोई भी व्यक्ति शादी करा सकता था। केवल वर एवं वधू को एक-दूसरे को माला पहनानी थी; एक-दूसरे का पति-पत्नी होने की घोषणा करनी थी। इस नई वैवाहिक-व्यवस्था के अलावा पेरियार ने अन्तर्जातीय-विवाह तथा विधवा-विवाह को भी बढ़ावा दिया।

10-11 मई, 1930

पेरियार ने इरोड में आत्मसम्मान आन्दोलन के दूसरे प्रान्तीय सम्मेलन का आयोजन मिस्टर एम.आर. जयकर की अध्यक्षता में किया। पुणे निवासी जयकर एक तर्कवादी नेता थे। इस दौरान युवा सम्मेलन, महिला सम्मेलन, शराबबन्दी सम्मेलन, तमिल संगीत सम्मेलन आदि का आयोजन भी किया गया। उन्होंने देवदासी प्रथा के खात्मे से सम्बन्धित विधेयक का सक्रिय समर्थन किया। इस व्यवस्था के तहत उस एक खास समुदाय की युवा लड़कियों को अलग कर दिया जाता था; जो हिन्दू मन्दिरों में नृत्य करती थीं। डॉ. मुथुलक्ष्मी (रेड्डी) नामक एक महिला सुधारक ने एक विधेयक पेश किया; जिसे मद्रास

विधान परिषद् में पारित कर दिया गया। हालाँकि, जातिवादी ब्राह्मण नेताओं ने इसका जमकर विरोध किया था।

1931

तीसरा प्रान्तीय आत्मसम्मान सम्मेलन विरुतनगर में हुआ; जिसकी अध्यक्षता आर.के. षणमुगम ने की थी।

20 जून, 1932

इंग्लैंड में पेरियार ने श्रमिकों की एक विशाल सभा सम्बोधित की; जिसमें 50,000 से अधिक लोग शामिल थे। उन्होंने तार्किकता और समाजवाद पर अपने सिद्धान्तों को वहाँ स्पष्ट किया।

28-29 दिसम्बर, 1932

महान विचारक कामरेड एम. सिंगारवेलु ने इरोड में पेरियार के आवास पर एक समाजवादी कार्यक्रम का मसौदा तैयार किया; जिस पर हुई चर्चा में आत्मसम्मान आन्दोलन के अनुयायियों ने भी हिस्सा लिया।

1932

सोवियत संघ का दौरा किया तथा समूचे तमिलनाडु में कई बैठकों को सम्बोधित किया और 'समाजवाद की इरोड योजना' का प्रचार किया।

11 मई, 1933

पेरियार की प्रिय पत्नी श्रीमती ई.वी. रामासामी नगम्मल का निधन हो गया और उनका अन्तिम संस्कार अगले दिन किया गया। 12 मई, 1933 को

अन्तिम संस्कार के तत्काल बाद वह तिरुचिरापल्ली के लिए निकल गए। वहाँ उन्होंने अन्तर्धार्मिक (ईसाई) आत्मसम्मान विवाह-समारोह का आयोजन किया। इस दौरान उन्होंने धारा-144 का उल्लंघन किया और उनको गिरफ्तारी देनी पड़ी।

1933

ब्रिटिश सरकार ने तमिल साप्ताहिक 'कुदी आरसु' को प्रतिबन्धित कर दिया। एक अन्य पत्रिका 'पुरातकी' (क्रान्ति) का प्रकाशन पेरियार ने किया।

1935

पेरियार ने जस्टिस पार्टी को और अधिक समर्थन देना शुरू कर दिया। पार्टी ने 01 जून, 1935 को तमिल साप्ताहिक पत्र 'विदुथलई' का प्रकाशन शुरू किया। इसका भार पेरियार पर आया; जिन्होंने 01 जनवरी, 1937 से विदुथलई को तमिल दैनिक के रूप में प्रकाशित करना आरम्भ कर दिया। 12 जनवरी, 1935 से पेरियार द्वारा तमिल भाषा की लिपि में किए गए सुधार उनके द्वारा प्रकाशित सभी पुस्तकों और समाचार-पत्रों में लागू कर दिए गए।

1940

उन्होंने बॉम्बे में डॉ. बी.आर. आंबेडकर और मोहम्मद अली जिन्ना से मुलाकात की। मि. सी.एन. अन्नादुरै (उन्हें स्नेह से अन्ना कहा जाता था।) उनके साथ हो गए। जब सी. राजगोपालाचारी के मंत्रालय ने इस्तीफा दिया, तो पेरियार को वैकल्पिक मंत्रालय बनाने का निमंत्रण दिया गया। क्योंकि, वे जस्टिस पार्टी के निर्वाचित नेता थे। उन्होंने तिरुवरुर सम्मेलन में अलग द्रविड़नाडु की माँग की; ताकि द्रविड़ नस्ल को बचाया जा

सके। साथ ही तमिल भाषा को हिन्दी और उत्तरी भारतीय हिन्दू पूँजीवादियों के दबदबे से बचाया जा सके।

1944

27 अगस्त, 1944 को सलेम में आयोजित जस्टिस पार्टी के प्रान्तीय सम्मेलन में पार्टी का नाम बदलकर 'द्रविड़ कड़गम' रख दिया गया; ताकि यह पूरी तरह उस सामाजिक क्रान्तिकारी आन्दोलन को परिलक्षित कर सके, जिसका लक्ष्य था—ब्राह्मणों द्वारा दमित द्रविड़ नस्ल का उद्धार। वहाँ यह घोषणा भी की गई कि पार्टी चुनाव नहीं लड़ेगी और न ही ब्रिटिश सरकार द्वारा दिए जाने वाले अलंकरण स्वीकार करेगी।

1946

11 मई, 1946 को मदुरै में वैगई नदी के तट पर प्रसिद्ध 'काली कमीज सम्मेलन' का आयोजन किया गया। रेत पर हो रहे इस आयोजन के दौरान ब्राह्मणों द्वारा भड़काए गए गुंडों ने पंडाल को आग लगा दी और पेरियार तथा उनके साथी पूरा दिन उसी में फँसे रहे।

15 अगस्त, 1947

15 अगस्त, 1947 को जब पूरा भारत और पूरा विश्व भारत की आजादी का जश्न मना रहा था, तब पेरियार ने एक साहसिक घोषणा करते हुए कहा था कि यह तमिलों के लिए शोक का दिन है। उन्होंने कहा कि भारत की आजादी कुछ और नहीं बस ब्रिटिशों से ब्राह्मणों और बनियों के हाथों सत्ता हस्तांतरण है।

14 सितम्बर, 1947

14 सितम्बर, 1947 को द्रविड़नाडु को अलग करने सम्बन्धी एक सम्मेलन का आयोजन कडलोर कस्बे में आयोजित किया गया।

1948

काली कमीज स्वयंसेवक कोर को प्रतिबन्धित कर दिया गया। 18वें द्रविड़ कड़गम राज्य सम्मेलन का आयोजन तूतीकोरिन में 8 और 9 मई, 1948 को पेरियार की अध्यक्षता में किया गया। इस अवसर पर जाति और धर्म से परे पेरियार के हजारों समर्थक जुटे।

पेरियार और मि. सी.एन. अन्नादुरै (अन्ना) ने चेन्नई में मराईमलाई अदिगलार (तमिल शुद्धता के आग्रही) के नेतृत्व में आयोजित हिन्दी-विरोधी स्वयंसेवकों के सम्मेलन में हिस्सा लिया। 30 जनवरी, 1948 को महात्मा गांधी को नई दिल्ली में प्रार्थना-सभा के दौरान मराठी ब्राह्मण नाथूराम गोडसे ने गोली मार दी। पेरियार ने तमिलनाडु में आयोजित बैठकों में इसकी निन्दा की। उन्होंने यह सुझाव दिया कि भारत का नाम गांधी-राष्ट्र (नाडू) रख दिया जाए। उन्होंने गांधी की शहादत को याद रखने के लिए गांधी-धर्म नामक नया धर्म चलाने का सुझाव भी दिया।

1949

मनियाम्माई के साथ पेरियार का विवाह उनके स्वास्थ्य की रक्षा और आन्दोलन की परिसम्पत्तियों की देखरेख के लिए किया गया; ताकि यह सुधारवादी आन्दोलन भविष्य में बिना किसी अड़चन के चलता रह सके।

1950

उन्होंने गणतंत्र दिवस यानी 26 जनवरी, 1950 को तमिलों के लिए शोक दिवस घोषित किया। 22 जनवरी, 1950 को पेरियार को उनकी पुस्तक 'पोनोमोझिगल' (स्वर्णिम कहावतें) के प्रकाशन के लिए जेल की सजा सुनाई गई।

1951

पेरियार के आन्दोलनों द्वारा तैयार हो रहे प्रतिरोध को महसूस करते हुए केन्द्र की नेहरू सरकार ने पहली बार संविधान में संशोधन किया। यह भारतीय संविधान का पहला संशोधन था। संविधान के अनुच्छेद 15 में उपखंड (4) जोड़ा गया और देश में पिछड़े वर्ग के लिए समान अधिकार और अवसर सुनिश्चित करने के लिए सरकारी आदेश का प्रावधान किया गया।

1953

मूर्ति-पूजा की निन्दा करने के लिए और दुनिया को यह दिखाने के लिए कि मूर्तियों में कोई अलौकिक शक्ति नहीं है; पेरियार ने एक अभियान शुरू किया। उनके अनुयायियों तथा खुद पेरियार ने सार्वजनिक स्थानों पर पिल्लैयर (विनायक) की मूर्तियाँ तोड़नी शुरू कर दीं।

पेरियार ने राजाजी के उस शिक्षा सुधार कार्यक्रम का तीव्र विरोध किया, जिसके मुताबिक सभी छात्रों को विद्यालयों में अपने माता-पिता के पेशे को ही सीखना चाहिए था। विरोध इतना तगड़ा था कि सी. राजगोपालाचारी (राजाजी) को मुख्यमंत्री का पद छोड़ना पड़ा। परिणामस्वरूप के. कामराज तमिलनाडु के मुख्यमंत्री बने और उन्होंने भारी विरोध झेल रहे इस शैक्षणिक सुधार को लागू करने से इनकार कर दिया।

1954

पेरियार ने इरोड में बौद्ध धर्म पर एक सम्मेलन का आयोजन किया। पेरियार और उनकी पत्नी तथा कुछ मित्रों ने म्यांमार और मलेशिया की यात्रा की। म्यांमार में मांडले में उन्होंने विश्व बौद्ध सम्मेलन में हिस्सा लिया; जहाँ उनकी मुलाकात बौद्ध विद्वान मिस्टर मल्लाल शेखर और डॉ. बी.आर. आंबेडकर से हुई। उन्होंने डॉ. आंबेडकर से लम्बी चर्चा की और चर्चा में

बौद्ध धर्मांतरण का विषय भी आया। उन्होंने डॉ. आंबेडकर को सलाह दी कि वे अकेले नहीं, बल्कि बड़ी संख्या में अपने अनुयायियों के साथ बौद्ध धर्म में दीक्षित हो जाएँ।

1955

पेरियार ने जनभावनाओं के विरुद्ध जाकर तमिलनाडु में हिन्दी को अनिवार्य करने की योजना का विरोध करते हुए घोषणा की कि वे एक निश्चित तिथि को देश का राष्ट्र ध्वज जलाएँगे। पेरियार को सार्वजनिक स्थानों पर राम की तस्वीरें जलाने और हिन्दी की अनिवार्यता का विरोध करने के लिए गिरफ्तार कर लिया गया। उन्होंने ये तस्वीरें रामायण महाकाव्य में आर्य दबदबे और द्रविड़ नेताओं के दमन के विरुद्ध जलाई थीं। त्रिची के जिलाधिकारी आर.एस. मलयप्पन अस्पृश्यों के साथ सहानुभूति रखते थे और मद्रास उच्च न्यायालय के दो ब्राह्मण न्यायाधीशों ने अपने एक फैसले में उनकी निर्दयतापूर्वक आलोचना की। पेरियार इस फैसले का सच सबके सामने लाए। क्योंकि, आर.एस. मलयप्पन पिछड़े समुदाय के अधिकारी थे। पेरियार ने त्रिची टाउन हॉल चौराहे पर आयोजित एक जनसभा में उच्च न्यायालय के न्यायाधीशों की आलोचना करते हुए कहा कि वे वंचित वर्ग के प्रति नफरत का भाव रखते हैं।

18 जनवरी, 1957

पेरियार और भूदान आन्दोलन के प्रणेता विनोबा भावे ने तिरुचिरापल्ली में मुलाकात की।

23 अप्रैल, 1957

मद्रास उच्च न्यायालय के दो ब्राह्मण न्यायाधीशों द्वारा त्रिची के जिलाधिकारी आर.एस. मलयप्पन के मामले में दिए गए फैसले की आलोचना करने के

चलते पेरियार पर न्यायालय की अवमानना का आरोप लगाया गया और जब न्यायमूर्ति पी.वी. राजामन्नार और न्यायमूर्ति ए.एस. पंचपक्ष अय्यर के समक्ष मामले की अन्तिम सुनवाई हो रही थी, तो उन्होंने उच्च न्यायालय में एक वक्तव्य देकर बताया कि कैसे ब्राह्मणों ने कई मामलों में नस्ली उद्देश्य से काम किया और कहा कि शूद्रों और पंचमों का उन्मूलन करना उनकी प्रकृति है।

1958

पेरियार ने जाति-व्यवस्था के खिलाफ एक और बड़े आन्दोलन की शुरुआत की। ब्राह्मण अपने होटलों के नामपट्ट पर ब्राह्मण होटल लिखा करते थे; ताकि लोगों में यह सन्देश जाए कि ब्राह्मण उनसे श्रेष्ठ हैं। पेरियार ने अपने अनुयायियों से अनुरोध किया कि वे तमिलनाडु के सभी ब्राह्मण होटलों के बोर्ड से ब्राह्मण शब्द मिटा दें। इस प्रदर्शन के परिणामस्वरूप होटलों के नामपट्ट से ब्राह्मण शब्द गायब होने लगा। तमिलनाडु सरकार ने उनके खिलाफ मामला दर्ज किया और पेरियार को गिरफ्तार कर लिया गया। उन पर आरोप था कि उन्होंने पशुपतिपालयम (करूर), कुलितलई और तिरुचिरापल्ली में दिए भाषणों में अपने अनुयायियों को ब्राह्मणों पर हमला करने के लिए भड़काया। उनको तिरुचिरापल्ली की जिला अदालत ने छह माह कैद की सजा दी। पेरियार और उत्तर भारत के समाजवादी नेता राममनोहर लोहिया ने चेन्नई में मुलाकात की और लोगों की सामाजिक और राजनीतिक सेवा करने के बारे में विचार-विमर्श किया।

1960

उन्होंने तमिलनाडु को छोड़कर भारत का नक्शा जलाया और कहा कि केन्द्र सरकार का शासन ब्राह्मणों का शासन है। पेरियार के निर्देशन में समूचे तमिलनाडु में सर्वोच्च न्यायालय के उस निर्णय के विरुद्ध विरोध-

दिवस मनाया गया, जिसमें तमिलनाडु लैंड सीलिंग अधिनियम के प्रभाव को समाप्त कर दिया था; जबकि यह अधिनियम संविधान संशोधन के जरिये बना था।

1967

मि. सी.एन. अन्नादुरै तमिलनाडु के मुख्यमंत्री बन गए। उनकी पार्टी डीएमके को तमिलनाडु विधानसभा में सर्वाधिक सीटें मिलीं। वह तिरुचिरापल्ली गए और उन्होंने पेरियार की शुभकामनाएँ और मशविरा लिया।

1968

पेरियार के सच्चे तर्कवादी शिष्य की भाँति अन्ना ने एक सर्कुलर जारी कर सभी सरकारी कार्यालयों से हिन्दू देवी-देवताओं की तस्वीरें हटाने का निर्देश दिया। यह कदम एक धर्मनिरपेक्ष राज्य के अनुरूप था।

1969

पेरियार ने मन्दिरों में व्यवहार में लाए जा रहे जातिगत भेदभाव को समाप्त करने के लिए उनके गर्भगृह में सभी जातियों के योग्य व्यक्तियों का प्रवेश सुनिश्चित करने के लिए एक कार्यक्रम की घोषणा की। इससे पहले केवल ब्राह्मण ही पूजा-अर्चना करवा सकते थे; वह भी तमिल की बजाय संस्कृत में।

1970

तमिल द्विमासिक पत्रिका 'उन्मई' (सच) की शुरुआत पहले पेरियार ने तिरुचिरापल्ली से की। पेरियार ने 'रेशनलिस्ट फोरम' नामक एक नया

मंच बनाया, जो गैर-राजनीतिक और सामाजिक संगठन था। इसमें सरकारी और निजी कर्मचारियों को जोड़ा गया और ऐसे अन्य लोगों को भी, जो तार्किकता में यकीन करते थे। अंग्रेजी के तर्कवादियों की आवश्यकता को ध्यान में रखते हुए पेरियार ने अंग्रेजी मासिक 'मॉर्डन रेशनलिस्ट' की शुरुआत की।

8 दिसम्बर, 1973

पेरियार ने एक सामाजिक सम्मेलन का आयोजन कर सामाजिक अवनति और ब्राह्मणों द्वारा थोपी गई जाति-व्यवस्था को खत्म करने पर चर्चा आयोजित की। यह सम्मेलन 8 और 9 दिसम्बर, 1973 को थिडल, वेपेरी, मद्रास में आयोजित किया गया और दोनों ही दिन अपार जनसमूह वहाँ पहुँचा। पेरियार ने एक शानदार भाषण देकर तमाम द्रविड़ों का आह्वान किया कि वे आगे आएँ और जाति तथा सामाजिक अवनति के उन्मूलन के लिए काम करें। उस समय कई ऐतिहासिक प्रस्ताव पारित किए गए।

19 दिसम्बर, 1973

चेन्नई में त्यागराय नगर में पेरियार ने अपना अन्तिम भाषण दिया। मानो वह बेहद स्मरणीय ढंग से अपना मृत्युपूर्व बयान दे रहे हों।

20 दिसम्बर, 1973

हार्निया की बीमारी के कारण असहनीय दर्द से जूझते पेरियार को चेन्नई के सरकारी अस्पताल में दाखिल किया गया।

21 दिसम्बर, 1973

पेरियार की इच्छा पर उनको वेल्लोर स्थित सीएमसी अस्पताल ले जाया गया।

24 दिसम्बर, 1973

दुनिया के महान विचारकों में से एक और दृढ़ तर्कवादी पेरियार ने अपनी अन्तिम साँस ली। वे दुनियाभर के करोड़ों तर्कवादियों, द्रविड़ नस्ल के तमिलों और अपने तमाम चाहने वालों को असहनीय दु:ख में छोड़कर चले गए।

(द्रविड़ कड़गम की आधिकारिक तमिल वेबसाइट से साभार,
अंग्रेजी से अनुवाद : पूजा सिंह)

पेरियार के सुनहरे बोल

राजनीति

- जो लोग प्रसिद्धि, पैसा, पद पसन्द करते हैं; वे तपेदिक की घातक बीमारी की तरह हैं। वे समाज के हितों के विरोधी हैं।
- जो लोगों को अज्ञान में रखकर राजनीति में प्रमुख स्थिति प्राप्त कर चुके हैं, उनका ज्ञान के साथ कोई सम्बन्ध नहीं माना जा सकता।
- हम जोर-शोर से स्वराज की बात कर रहे हैं। क्या यह स्वराज तमिलों के लिए है या उत्तर भारतीयों के लिए है? क्या यह आपके लिए है या पूँजीवादियों के लिए है? क्या स्वराज आपके लिए है या कालाबाजारियों के लिए है? क्या यह मजदूरों के लिए है या उनका खून चूसने वालों के लिए है?
- आइए, विश्लेषण करें कि कौन उच्च जाति के और कौन निम्न जाति के लोग हैं? जो काम नहीं करता है और दूसरों के परिश्रम पर रहता है; वह उच्च जाति है। जो कड़ी मेहनत करके दूसरों को लाभ प्रदान करता है और बोझ ढोने वाले जानवर के समान बिना आराम किए और बिना खाए-पिए कड़ी मेहनत करता है; उसे निम्न जाति कहा जाता है।

- जो ईश्वर और धर्म में विश्वास रखता है, वह आजादी हासिल करने की कभी उम्मीद नहीं कर सकता।
- धन और प्रचार ही धर्म को जिन्दा रखता है। ऐसी कोई दिव्य शक्ति नहीं है, जो धर्म की ज्योति को जलाए रखती है।
- धर्म का आधार अन्धविश्वास है। विज्ञान में धर्मों का कोई स्थान नहीं है। इसलिए, बुद्धिवाद धर्म से भिन्न है। सभी धर्मवादी कहते हैं कि किसी को भी धर्म पर सन्देह या कुछ भी सवाल नहीं करना चाहिए। इसने मूर्खों को धर्म के नाम पर कुछ भी कहने की छूट दे दी। धर्म और ईश्वर के नाम पर मूर्खता एक सनातन रीति है।
- ब्राह्मणों ने शास्त्रों और पुराणों की सहायता से शूद्रों (वेश्या या रखैल पुत्र) को बनाया है। हमने हिन्दू-धर्म स्वीकार कर लिया है। हमने तालाब खोदे हैं; मन्दिरों का निर्माण किया है; धन दान किया है। लेकिन, कौन आनन्द ले रहा है? केवल ब्राह्मण आनन्द ले रहे हैं।
- इस तथ्य को साबित करने के लिए पर्याप्त सबूत हैं कि इस भारत देश को जाति-व्यवस्था द्वारा बर्बाद कर दिया गया है।
- हम द्रविड़ियन इस देश के मूल निवासी हैं। हम प्राचीन शासक वर्ग से आते हैं। किन्तु, आज हम चौथे वर्ण के अधीन बना दिए गए हैं। क्यों? हमारी इस वर्तमान अपमानजनक स्थिति के लिए हमारे पुरखे और हमारे राजा जिम्मेदार हैं; जिन्होंने शर्मनाक व्यवहार किया था।
- हमने ईश्वर को आजाद नहीं छोड़ा है। आप मन्दिर-गोपुरम (टॉवर) क्यों चाहते हैं? आप पूजा क्यों चाहते हैं? आप एक पत्नी, गहने क्यों चाहते हैं? आप स्वर्ण और हीरे के आभूषण क्यों चाहते हैं? आप भोजन क्यों चाहते हैं? क्या आप खाना खाते हैं? क्या आप देवदासियों का आनन्द ले रहे हैं? जो आपको अपनी पत्नियों की तरह बुलाती हैं। हमने ईश्वर को आजाद नहीं छोड़ा है। हमने उसे प्रश्नों की बौछार के साथ परेशान किया है। अब तक कोई ईश्वर उत्तर देने के लिए आगे नहीं आया है। कोई ईश्वर विरोध करने के लिए आगे नहीं आया है। किसी भी ईश्वर ने हमला करने या दंडित करने की हिम्मत नहीं की।

- ये लम्बे और शंकु जैसे टॉवर किसने बनाए हैं? उनके शिखर पर सोने की परत किसने चढ़ाई? नटराज के लिए सोने की छत किसने बनाई? एक हजार खम्भों वाला मंडपम किसने बनाया? चॉकलेटियों (कारवाँ सराय) के लिए कड़ी मेहनत किसने की? क्या इनमें से किसी भी मन्दिर, टैंक और धर्मार्थ चीजों के लिए दान के रूप में एक भी पाई ब्राह्मण ने दी है? जब यह सच है, तो ब्राह्मणों को कुछ भी योगदान किए बिना उच्च जाति बनकर क्यों रहना चाहिए? उन्हें हमें धोखा देने की अनुमति क्यों दी जानी चाहिए? यही कारण है कि हम साहसपूर्वक भगवान को चुनौती दे रहे हैं। ईश्वर ने लोगों का कुछ भी भला नहीं किया है। यही कारण है कि हम भगवान से पूछते हैं कि क्या वह वास्तव में भगवान है या केवल पत्थर है? ईश्वर गूँगा और अचल रहकर हमारे आरोपों को स्वीकार कर रहा है। इसलिए कोई भी भगवान हमारे खिलाफ मानहानि का मुकदमा दायर करने अदालत में नहीं गया है।
- अगर धर्म यह कहे कि मनुष्य को मनुष्य का सम्मान करना चाहिए; तो हम कोई आपत्ति नहीं करेंगे। अगर धर्म यह कहे कि समाज में न कोई उच्च है और न नीच; तो हम उस धर्म के खिलाफ आवाज नहीं उठाएँगे। अगर धर्म यह कहे कि किसी को भी उसकी पूजा करने के लिए कुछ भी खर्च करने की जरूरत नहीं है; तो हम उस भगवान का विरोध नहीं करेंगे।
- ब्राह्मण आपको ईश्वर के नाम पर मूर्ख बना रहे हैं। वे आपको अन्धविश्वासी बनाते हैं। वे आपको अस्पृश्य के रूप में निन्दा करके बहुत ही आरामदायक जीवन जीते हैं। वे आपकी तरफ से भगवान को प्रार्थना करके खुश करने के लिए आपके साथ सौदा करते हैं। मैं इस दलाली के व्यवसाय की दृढ़ता से निन्दा करता हूँ और आपको चेतावनी देता हूँ कि इस तरह के ब्राह्मणों पर विश्वास न करें।
- रूढ़िवादी हिन्दुओं के लिए सबूत है कि कुछ देवताओं ने मुस्लिम लड़कियों को जीवनसाथी बना लिया है। ऐसे भी देवता हैं, जो अस्पृश्य

समुदाय की लड़कियों से प्यार करते थे और उनसे विवाह करते थे।

- हालाँकि, ब्राह्मण जातियों के मामले में सौदा करने के लिए आगे आ सकते हैं। पर, जब तक कृष्ण और उनकी गीता यहाँ है, जातियों का अन्त होने वाला नहीं है।
- ईश्वर सद्गुणों का प्रतीक है। उसे रूप धारण करने की जरूरत नहीं है। क्योंकि, उसका भौतिक अस्तित्व ही नहीं है।
- इंग्लैंड में न कोई शूद्र है और न परिया अछूत। रूस में आपको वर्णाश्रम धर्म या भाग्यवाद नहीं मिलेगा। अमेरिका में लोग ब्रह्मा के मुख से या पैरों से पैदा नहीं होते हैं। जर्मनी में भगवान भोग नहीं लगाते हैं। टर्की में देवता विवाह नहीं करते हैं। फ्रांस में देवताओं के पास 12 लाख रुपए का मुकुट नहीं है। इन देशों के लोग शिक्षित और बुद्धिमान हैं। वे अपना आत्मसम्मान खोने के लिए तैयार नहीं होते हैं; बल्कि वे अपने हितों और अपने देश की सुरक्षा के लिए तैयार होते हैं। फिर अकेले हमें क्यों बर्बर देवताओं और धार्मिक कट्टरवाद को मानना चाहिए?
- उस ईश्वर को नष्ट कर दो, जो तुम्हें शूद्र कहता है। उन पुराणों और महाकाव्यों को नष्ट कर दो, जो हिन्दू ईश्वर को सशक्त बनाते हैं। यदि कोई ईश्वर वास्तव में दयालु, हितैषी और बुद्धिमान है; तो उसकी प्रार्थना करो।
- प्रार्थना क्या है? क्या इससे नारियल टूट रहा है? क्या यह ब्राह्मणों को पैसे दे रही है? क्या यह त्योहारों में है? क्या यह ब्राह्मणों के चरणों में गिर रही है? क्या यह मन्दिर बना रही है? नहीं; यह हमारे अच्छे व्यवहार में निहित है। हमें बुद्धिमान लोगों की तरह व्यवहार करना चाहिए। प्रार्थना का यही सार है।

समाज

- एक समय था, जब हमें तमिल कहा जाता था। पर आज तमिल का प्रयोग तमिल भाषा के लिए किया जाता है। अत: आर्य संस्कृति और

आर्य सभ्यता के लोग भी इसलिए अपने आप को तमिल कहते हैं, क्योंकि वे तमिल बोलते हैं? इतना ही नहीं, वे हम पर आर्य सभ्यता को भी थोपना चाहते हैं। मैं कहता हूँ कि आज हमें उनके साथ सहयोग करने के कारण ही शूद्र कहा जाता है।

- हम रक्त के बारे में चिन्तित नहीं हैं। हम संस्कृति और सभ्यता के बारे में चिन्तित हैं। हम भेदभाव रहित समाज चाहते हैं। हम समाज में किसी के भी साथ प्रचलित भेदभाव के कारण अलगाव नहीं चाहते हैं।
- हिन्दू-धर्म और जाति-व्यवस्था नौकर और मालिक का सिद्धान्त स्थापित करती है। अगर भगवान हमारे पतन का मूल कारण है; तो भगवान को नष्ट कर दो। अगर यह काम मनु धर्म, गीता या कोई अन्य पुराण कर रहा है; तो उन्हें भी जलाकर राख कर दो। अगर यह काम मन्दिर, कुंड या पर्व करते हैं; तो उनका भी बहिष्कार करो। अन्ततः अगर यह हमारी राजनीति है; तो इसे आगे-आगे बढ़कर खुलेआम घोषित करो।
- मनुष्य मनुष्य बराबर हैं। कोई शोषण नहीं होना चाहिए। हर एक को दूसरे की मदद करनी चाहिए। किसी को भी किसी का नुकसान नहीं करना चाहिए। किसी को भी कोई कष्ट या शिकायत नहीं होनी चाहिए। हर किसी को राष्ट्रीय भावना के साथ जीना चाहिए और दूसरे को भी जीने देना चाहिए।
- स्वाभिमान आन्दोलन का आदर्श क्या है? इस आन्दोलन का मकसद उन संगठनों का पता लगाना है, जो हमारी प्रगति में बाधक बने हुए हैं। यह उन ताकतों का मुकाबला करेगा, जो समाजवाद के खिलाफ काम करते हैं। यह समस्त धार्मिक प्रतिक्रियावादी ताकतों का विरोध करेगा। यह उन लोगों का विरोध करता है, जो कानून-व्यवस्था भंग करते हैं। स्वाभिमान आन्दोलन शान्ति और प्रगति के लिए काम करता है। यह प्रतिक्रियावादियों को कुचल देगा।
- एक समाजवादी समाज को तैयार करने के लिए और आम आदमी तथा दलित वर्गों का हित करने के लिए स्वाभिमान आन्दोलन शुरू किया गया था। पर समाज के सभी वर्गों में शान्ति और सन्तोष स्थापित

करना भी आज आन्दोलन की एक और जिम्मेदारी है।

- द्रविड़ियन आन्दोलन ब्राह्मणवाद के खात्मे तक सक्रिय और जिन्दा रहेगा। तब तक हमारे दुश्मनों या सरकार द्वारा हमारे साथ कुछ भी अत्याचार, दमन, साजिश और विश्वासघात किया जा सकता है। पर, हमें विश्वास है कि अन्त में सफलता निश्चित रूप से हमारी होगी।
- मुझे ब्राह्मण प्रेस द्वारा ब्राह्मण-विरोधी के रूप में चित्रित किया गया है। किन्तु, मैं व्यक्तिगत रूप से किसी भी ब्राह्मण का दुश्मन नहीं हूँ। एकमात्र तथ्य यह है कि मैं ब्राहमणवाद का धुर विरोधी हूँ। मैंने कभी नहीं कहा कि ब्राह्मणों को खत्म किया जाना चाहिए। मैं केवल यह कहता हूँ कि ब्राह्मणवाद को खत्म किया जाना चाहिए। ऐसा लगता है कि कोई ब्राह्मण स्पष्ट रूप से मेरी बात समझ नहीं पाता है।
- जातियाँ नहीं होनी चाहिए। जन्म के कारण स्वयं को उच्च या निम्न नहीं बुलाया जाना चाहिए। यही वह चीज है, जो हम चाहते हैं। अगर हम यह कहते हैं, तो यह गलत कैसे है?
- कांग्रेस पार्टी से अकेले ब्राह्मण और धनी लोग ही लाभ उठा रहे हैं। यह आम आदमी, गरीब आदमी और श्रमिक वर्गों के लिए अच्छा काम नहीं करेगी।
- जब मैं तमिलनाडु कांग्रेस पार्टी का अध्यक्ष था, तो मैंने 1925 के सम्मेलन में एक प्रस्ताव प्रस्तुत किया था। उस प्रस्ताव में मैंने जातिविहीन समाज के निर्माण का समर्थन किया था। उस प्रस्ताव को मेरे मित्र राजगोपालाचारी ने अस्वीकृत कर दिया था। मैंने यह भी अनुरोध किया था कि कांग्रेस के विभिन्न पक्षों और क्षेत्रों में साम्प्रदायिक प्रतिनिधित्व का पालन किया जाना चाहिए। पर, यह प्रस्ताव भी विषय समिति में थिरु वि. का. (सम्मानित तमिल विद्वान थिरुवरुर विरुत्तचला कल्याणसुन्दरम) के द्वारा अस्वीकृत कर दिया गया था। तब मुझे अपने प्रस्ताव के समर्थन में 30 प्रतिनिधियों के हस्ताक्षर प्राप्त करने के लिए कहा गया था। मि. एस. रामानाथन ने 50 प्रतिनिधियों से हस्ताक्षर प्राप्त कर लिए। तब सर्वश्री सी. राजगोपालाचारी (राजाजी), श्रीनिवास आयंगर, सत्यमूर्ति और अन्य

लोगों ने अपना प्रतिरोध दर्ज कराया। उन्हें डर था कि अगर मेरा प्रस्ताव स्वीकार कर लिया गया, तो कांग्रेस खत्म हो जाएगी। बाद में यह प्रस्ताव थिरु वि.का. और डॉ. पी. वरदाराजुलू के द्वारा रोक दिया गया। ब्राह्मण बहुत खुश हुए। इतना ही नहीं, उन्होंने मुझे सम्मेलन में बोलने की इजाजत भी नहीं दी। यह केवल उस दिन हुआ, जब मैंने कांग्रेस पार्टी में प्रमुख ताकतों से लड़ने की अपील की थी। मैंने साम्प्रदायिक प्रतिनिधित्व लागू करने के लिए संघर्ष करने का संकल्प लिया। मैंने सम्मेलन में अपना दृढ़ निश्चय घोषित किया और मैं कांग्रेस सत्र से बाहर चला गया। उसी दिन से मैं कांग्रेस पार्टी की चाल, षड्यंत्र और धोखाधड़ी की गतिविधियों का खुलासा कर रहा हूँ।

- कांग्रेस और अंग्रेजों के बीच हुए समझौते के कारण यह सरकार अस्तित्व में आई है। यह वह स्वतंत्रता नहीं है, जो सभी भारतीयों को दी गई है। इस स्वतंत्रता से गैर-कांग्रेसी लोगों को कोई लाभ नहीं हुआ है। वे कहीं भी प्रतिनिधित्व नहीं करते हैं। जातिवाद की बुराई भी गायब नहीं हुई है।
- आर्यों ने द्रविड़ों को दीपावली, राम का जन्मदिन, कृष्ण का जन्मदिन जैसे त्योहार मनाने के लिए बनाए। इसी तरह उत्तर भारतीयों ने स्वतंत्रता दिवस मनाने के लिए 15 अगस्त बनाया। इस सबके सिवाय कोई अन्य लाभ या प्रशंसनीय कार्य नहीं है।
- प्रत्येक व्यक्ति को स्वतंत्र रूप से अपनी राय व्यक्त करने का अधिकार है। यह उसका अभिव्यक्ति के अपने अधिकार के प्रयोग करने का अधिकार है। इस अधिकार को अस्वीकार करना अन्यायपूर्ण है। बोलने की आजादी लोकतंत्र का आधार है।

श्रमिक

- अमीर लोग, जो मजदूरों का शोषण करते हैं और अपनी सम्पत्ति की रक्षा करने की कोशिश करते हैं; और जो लोग एक खुशहाल जीवन

का आनन्द लेना चाहते हैं; और जो लोग अधिक धन के लिए भगवान से याचना करते हैं; और जो मृत्यु के बाद भी नाम और प्रसिद्धि चाहते हैं; और जो अपनी सम्पत्ति अपने बेटों और पोतों के लिए छोड़ना चाहते हैं; वे हमेशा शाश्वत चिन्ता में रहते हैं। किन्तु, एक कठोर श्रम करने वाले श्रमिक के साथ ऐसा नहीं है।

- विश्व में श्रमिक हमेशा कष्टों और परेशानियों में जीते रहे हैं। यह श्रमिक ही है, जो विश्व में सब कुछ बनाता है। लेकिन, यह श्रमिक ही चिन्ताओं, कठिनाइयों और दुःखों से गुजरता है।
- तिरुवल्लुवर का कुरल (Kural) एक दुर्लभ ग्रंथ है; जो जाति, धर्म, भगवान और अन्धविश्वास से ऊपर है। यह उच्च गुणों और प्रेम का प्रतीक है।
- कुरल अकेला ग्रंथ है, जो हमारे देश के लोगों को शिक्षित करने के लिए पर्याप्त है।

बुद्धिवाद

- ज्ञान का आधार सोच है। सोच का आधार तर्कवाद है।
- कोई भी अन्य जीवित प्राणी अपने ही वर्ग को नुकसान नहीं पहुँचाता है; कोई भी अन्य जीवित प्राणी अपने ही वर्ग को निम्न स्तर का नहीं बनाता है; कोई भी अन्य जीवित प्राणी अपने ही वर्ग का शोषण नहीं करता है। लेकिन मनुष्य, जो एक बुद्धिमान जीवित प्राणी कहा जाता है; इन सभी बुराइयों को करता है।
- भेदभाव, घृणा, शत्रुता, ऊँच-नीच, गरीबी, दुराचरण इत्यादि; जो अब समाज में प्रचलित हैं; वो ज्ञान और तर्कवाद की कमी के कारण हैं। वे भगवान या समय की क्रूरता के कारण नहीं हैं।
- विदेशी ग्रहों को सन्देश भेज रहे हैं। हम ब्राह्मणों के माध्यम से हमारे मृत पूर्वजों को चावल और अनाज भेज रहे हैं। क्या यह बुद्धिमानी का काम है?

- मैं ब्राह्मणों के लिए एक शब्द कहना चाहता हूँ, भगवान, धर्म, शास्त्रों के नाम पर आपने हमें धोखा दिया है। हम शासक लोग थे। अब धोखा देना बन्द करो। तर्कवाद और मानवता के लिए जगह दो।
- मैंने 17 साल की उम्र में ही इन देवताओं और ब्राह्मणों का विरोध किया था। तब से आज तक, पिछले 53 साल से मैं तर्कवाद का उपदेश दे रहा हूँ। क्या मैं इसके लिए मारा गया हूँ? क्या मैं अपमानित किया गया हूँ? बिलकुल नहीं। तो, आप डरते क्यों हैं? ज्ञान की तलाश करो।

सुधार

- आम आदमी सोचता है कि शादी काम करने के लिए किसी की नियुक्ति करने की तरह है। पति भी ऐसा ही सोचता है। पति का परिवार भी ऐसा ही सोचता है। हर कोई सोचता है कि एक लड़की काम करने के लिए परिवार में आ रही है। लड़की का परिवार भी लड़की को घर का काम करने के लिए प्रशिक्षित करता है।
- शादी का मतलब क्या है? ख़ुशी के साथ प्राकृतिक जीवन का आनन्द लेने के लिए एक पुरुष और एक स्त्री परस्पर एक होते हैं। कड़ी मेहनत के बाद उससे सन्तोष मिलता है। ज्यादातर लोगों को यह एहसास नहीं होता कि साथ रहने का साझा सुख ही विवाह है।
- विवाह युगल की इच्छाओं का परिणाम होना चाहिए। यह उन हृदयों की बुनाई है, जो शादी का कारण बनते हैं।
- बाल विवाह खत्म होना चाहिए। अगर तलाक का अधिकार है, तो विधवाओं के पुनर्विवाह के लिए भी अधिकार हो और यदि महिलाओं को अधिकार दिए गए, तो हम देश में वेश्यावृत्ति को नहीं देखेंगे। यह धीरे-धीरे गायब हो जाएगी।
- कोई भी राजनेता और अर्थशास्त्री समाज सुधार की उन वास्तविक योजनाओं को स्वीकार करने को तैयार नहीं है, जिनकी समाज को जरूरत है।

- मुझ पर दुनिया को बर्बाद करने का आरोप लगाया जाता है। दुनिया को बर्बाद करके मैं क्या हासिल करने जा रहा हूँ? मुझे समझ में नहीं आता कि ब्राह्मण भक्त वास्तव में क्या महसूस करते हैं? क्या कोई दुनिया को बर्बाद करने के लिए प्रचार करेगा? मुझे उम्मीद है कि वे जल्द ही इस पर तर्कसंगत विचार करेंगे।
- यह पता लगाना बुद्धिमान लोगों का कर्तव्य है कि खादी आन्दोलन से देश को कोई लाभ हुआ है या नहीं? आज के आधुनिक औद्योगिक और राजनीतिक दौर में यह केवल एक अनाचारवाद है।
- गरीबी का मूल कारण समाज में पूँजीपतियों का अस्तित्व है। यदि समाज में पूँजीपति लोग नहीं रहेंगे, तो गरीबी नहीं होगी।
- जब तक हम शासक वर्गों को चाहते रहेंगे; यहाँ चिन्ताएँ और चिन्तित लोग बने रहेंगे। इसी वजह से देश में गरीबी और महामारी हमेशा बनी हुई है।
- यदि हम मन्दिरों की सम्पत्ति और मन्दिरों में अर्जित आय को नए उद्योग शुरू करने के लिए खर्च कर दें, तो न कोई भिखारी, न कोई अशिक्षित और न कोई निम्न स्तर वाला व्यक्ति होगा। एक समाजवादी समाज होगा, जिसमें सब समान होंगे।
- जबसे ब्राह्मण यहाँ (तमिलनाडु) आए, शायद ही कभी हम किसी से पूछते हैं कि ब्राह्मण क्यों? शूद्र क्यों? यहाँ तक कि जिन लोगों ने पूछा था, उन्हें शान्त कर दिया गया। तिरुवल्लुवर और कपिलर ने भी स्पष्ट रूप से कहा कि जन्म से कोई उच्च और निम्न जाति का नहीं है। ब्राह्मण उनके विचारों का विरोध नहीं कर सके। उन्होंने बस उनके विचारों का प्रचार नहीं किया।
- मूर्तियों तथा वेदों को, जो अज्ञानता पैदा करते हैं; और उपनिषद, मनुस्मृति, महाभारत जैसे लोगों को मूर्ख बनाने वाले ग्रंथों को हमारी तमिलनाडु की सीमाओं से बाहर निकाल दिया जाएगा।
- कांग्रेस पार्टी का नेता ब्राह्मण है। सोशलिस्टों का नेता ब्राह्मण है। कम्युनिस्टों का नेता ब्राह्मण है। हिन्दू महासभा का नेता ब्राह्मण है।

आरएसएस का नेता ब्राह्मण है। ट्रेड यूनियन का नेता ब्राह्मण है। भारत का राष्ट्रपति ब्राह्मण है। वे सभी दिलों के दिल में हैं।

(स्रोत : उपरोक्त चयनित उद्धरण कलेक्टेड वर्क्स ऑफ पेरियार ई.वी. आर., संयोजन : डॉ. के. वीरामणि, प्रकाशक : दि पेरियार सेल्फ-रेस्पेक्ट प्रोपेगंडा इंस्टीट्यूशन, पेरियार थाइडल, 50, ई.वी.के. सम्पथ सलाय, वेपरी, चेन्नई-600007 के प्रथम संस्करण, 1981 के पृ. सं. 471 से लेकर 518 से लिए गए हैं।)

(अंग्रेजी से अनुवाद : कँवल भारती)

महिलाएँ उन्हें कहती थीं पेरियार (महान)

ललिता धारा

तमिलनाडु में 20वीं सदी के गैर-ब्राह्मण द्रविड़ आन्दोलन का लम्बा और उथल-पुथल से भरा इतिहास था। इसकी शुरुआत 1916 में जारी गैर-ब्राह्मण घोषणा-पत्र से मानी जा सकती है। इस अवधि में महिलाओं की स्थिति और जाति-व्यवस्था से सम्बन्धित सुधार तो हुए, परन्तु वे बहुत सीमित थे। सन् 1917 में गैर-ब्राह्मणों की राजनीतिक और शैक्षणिक बेहतरी के लिए 'जस्टिस पार्टी' का गठन किया गया। सन् 1920 के प्रान्तीय चुनावों में यह पार्टी सत्ता में आई और तमिलनाडु में पहली बार गैर-ब्राह्मण सरकार बनी। ई.वी. रामासामी, जिन्हें पेरियार के नाम से जाना जाता है; इतिहास के इस दौर के प्रमुख पात्र थे।

पेरियार के नेतृत्व की क्षमता सन् 1925 में शुरू हुए आत्माभिमान आन्दोलन में सामने आई। इस आन्दोलन का लक्ष्य गैर-ब्राह्मण जातियों को उनके द्रविड़ मूल पर गर्व करना सिखाकर उन्हें एक सूत्र में पिरोना था। इस आन्दोलन के मूल सिद्धान्त थे—ईश्वर, धर्म, कर्मकांडों और जाति को नकारना। पेरियार ने इसमें एक और सूत्र जोड़ा—पितृसत्तात्मकता का नकार। आत्माभिमान आन्दोलन का अन्तिम लक्ष्य था—जाति-मुक्त समाज

का निर्माण। इसके लिए उसे जाति-व्यवस्था की सभी संरचनाओं से मुकाबला करना पड़ा। इनमें शामिल थे—'ब्राह्मणवादी हिन्दू-धर्म' और 'ब्राह्मणवादी पितृसत्तात्मकता'।

पेरियार के संघर्ष की सबसे प्रमुख विशेषता यह थी कि अपने जीवन में उन्होंने इन सभी संस्थाओं से अलग-अलग समय पर व्यक्तिगत स्तर पर भी लोहा लिया। हर लड़ाई अलग-अलग तरीकों से लड़ी गई। पेरियार ने जहाँ ब्राह्मणवादी हिन्दू-धर्म के विरुद्ध लड़ाई में तार्किकता को अपना हथियार बनाया वहीं पितृसत्तात्मकता का विरोध उन्होंने अपने इस दृढ़ विश्वास के आधार पर किया कि महिलाएँ अपने आप में स्वतंत्र हैं और किसी के अधीन नहीं हैं।

अपने पूर्ववर्ती उच्च जातियों के समाज सुधारकों, जो महिलाओं से जुड़े मुद्दों पर पितृसत्तात्मकता के मूल ढाँचे को चुनौती दिए बगैर विचार करते थे; के विपरीत पेरियार ने एक पत्नीक परिवार और सतीत्व के मानकों को चुनौती दी, जो महिलाओं को गुलाम बनाते थे। चूँकि विवाह महिलाओं के दासत्व का प्रतीक था, इसलिए उन्होंने जोर देकर कहा कि विवाह की संस्था को ही समाप्त कर दिया जाना चाहिए।

पेरियार ने 1929 में आत्माभिमान विवाह (सेल्फ-रिस्पेक्ट मैरिज या एसआरएम) की जिस अवधारणा का विकास और प्रतिपादन किया, वह एक अनूठा मास्टर स्ट्रोक था। यह अवधारणा विवाह को दो व्यक्तियों के बीच एक ऐसे समझौते के रूप में देखती थी, जिसमें जाति-वर्ग या धर्म के लिए कोई जगह नहीं थी और जिसके लिए न तो पुरोहितों की आवश्यकता थी और न ही अभिभावकों की सहमति की। इसमें विवाह सदा के लिए पवित्र बन्धन न होकर दो समकक्ष व्यक्तियों के बीच समझौता था; जिसे दोनों में से कोई भी पक्ष जब चाहे समाप्त कर सकता था। विवाह स्वर्ग में ईश्वर द्वारा नहीं, वरन् धरती पर दो व्यक्तियों द्वारा परस्पर समझौते से निर्धारित किए जाते थे। आत्माभिमान विवाहों के मूल में थी—लैंगिक समानता और अपने निर्णय स्वयं लेने का अधिकार। यह विचार और सोच के क्षेत्र में एक क्रान्ति और जागरूकता व आत्म-चेतना की एक लम्बी छलाँग थी। कुल मिलाकर, पेरियार ने एक नई महिला और एक नए पुरुष का सृजन किया।

पेरियार के जन्म के चार दशक पूर्व फुले दम्पती ने महाराष्ट्र के पुणे में 'सत्यशोधक विवाह संस्कार' के नाम से एक क्रान्तिकारी सोच प्रस्तुत की थी। इन विवाहों में कोई पंडित नहीं होता था और हिन्दू धार्मिक मंत्रों की जगह वर और वधू अपने लिए निर्धारित धर्मनिरपेक्ष मंत्रों का स्वयं जाप करते थे। इन मंत्रों में कोई लैंगिक भेदभाव नहीं था। यद्यपि पेरियार ने फुले का नाम भी नहीं सुना था, तथापि उन्होंने फुले के काम को ही आगे बढ़ाया।

आत्माभिमान विवाह समारोहों की अध्यक्षता पेरियार स्वयं करते थे और इससे उन्हें अपने स्त्रीवादी विचारों का प्रसार करने का मौका मिलता था। स्त्री-पुरुष सम्बन्धों का कोई ऐसा पक्ष नहीं था, जो उनकी नजरों से छूटा हो। वे महिलाओं को सेक्स व प्रजनन के मामलों में असीमित व बिना शर्त स्वतंत्रता दिए जाने के हामी थे। उन्होंने पितृसत्तात्मकता के ध्वंस के लिए वह सब कुछ किया, जो वे कर सकते थे। सोए हुए समाज को झकझोरकर उठाने के लिए विचारोत्तेजक बयान देने में उन्हें विशेषज्ञता हासिल थी। एक बानगी देखिए—"अगर इससे उनकी स्वतंत्रता में बाधा पड़ती हो, तो महिलाओं को बच्चों को जन्म देना बन्द कर देना चाहिए।" वे बिना लाग-लपेट के कहते थे कि जब तक 'पितृसत्तात्मक पुरुषत्व' है, तब तक महिलाएँ स्वतंत्र नहीं हो सकतीं। वे चाहते थे कि 'सतीत्व' और 'चरित्र' जैसे मानक या तो महिला और पुरुष दोनों पर लागू होने चाहिए या किसी पर भी नहीं।

उनका कहना था कि माता-पिता को अपनी लड़कियों का पालन-पोषण उसी तरह करना चाहिए, जैसा कि वे लड़कों का करते हैं। यहाँ तक कि लड़कों और लड़कियों के नाम और उनका पहनावा भी एक जैसे होने चाहिए और लड़कियों को मुक्केबाजी और कुश्ती जैसे खेलों का प्रशिक्षण दिया जाना चाहिए।

जहाँ तक महिलाओं के लिए गर्भनिरोधकों के इस्तेमाल का सवाल है; उनकी मान्यता थी कि यह महिलाओं को स्वतंत्रता और उनके जीवन पर अधिकार देने के उपकरण हैं। पेरियार की यह सोच उनके समकालीन अन्य सुधारकों से एकदम अलग थी, जो यह मानते थे कि महिलाओं के लिए गर्भनिरोधक उपायों का इस्तेमाल परिवार, समुदाय और राष्ट्र के हित में होना

चाहिए। पेरियार का यह मानना था कि केवल और केवल महिलाओं को यह तय करने का अधिकार है कि वे बच्चे चाहती हैं या नहीं। यदि हाँ, तो कब और विवाह बन्धन के अन्दर या उसके बाहर। उन्होंने अपने ये विचार अलग-अलग भाषणों और लेखों में व्यक्त किए और इन्हें संकलित कर एक पुस्तिका की शक्ल में प्रकाशित किया गया; जिसका शीर्षक था—'व्हाई द वुमन वाज एनस्लेव्ड?' (महिला क्यों गुलाम बना दी गई?)।

वे उस काल में क्रान्तिकारी स्त्रीवाद की भाषा में बात करते थे, जब पश्चिम के स्त्रीवादियों की दूसरी लहर ने इस शब्द को गढ़ा भी नहीं था।

आत्माभिमान विवाहों के अतिरिक्त, आत्माभिमान सम्मेलनों और युवा सम्मेलनों में भी पेरियार ने लैंगिक मुद्दों पर अपने विचार रखे। इन आयोजनों में पारित प्रस्ताव, महिला-समर्थक और लैंगिक न्याय पर आधारित हुआ करते थे।

इस आन्दोलन का एक अनूठा पक्ष यह था कि महिलाएँ केवल महिला सम्मेलनों में ही नहीं, बल्कि सामान्य आत्माभिमान सम्मेलनों में भी महत्त्वपूर्ण भूमिका निभाती थीं। उनकी आयोजन में तो भूमिका होती ही थी, वे सम्मेलनों की अध्यक्षता भी करती थीं और प्रस्ताव भी प्रस्तुत करती थीं। आन्दोलन की महिला कार्यकर्ता, जाति और पितृसत्तात्मकता के परस्पर अन्योन्याश्रित सम्बन्धों से अनभिज्ञ नहीं थीं। वे ब्राह्मणों के जातिगत दमन और पुरुषों के लैंगिक दमन को सदृश पाती थीं। वे यह मानती थीं कि धर्म जातिगत और लैंगिक असमानताओं को वैध व औचित्यपूर्ण ठहराता है। आन्दोलन के साहित्य में उन्होंने अपने इन विचारों को स्वर दिया। ई.वी. रामासामी को 'पेरियार' या 'महान' की उपाधि मद्रास में सन् 1938 में आयोजित तमिलनाडु विमेंस कॉन्फ्रेंस में ही दी गई।

पेरियार घर और सार्वजनिक जीवन दोनों में महिलाओं को किसी घेरे में बन्द रखने के हामी नहीं थे। वे जो कहते थे, वह करते भी थे। उन्होंने अपनी 13 वर्षीय नवविवाहिता पत्नी नगम्मल को उसकी 'थाली' या मंगलसूत्र का त्याग करने के लिए राजी किया। वे अपनी पत्नी से कहते थे कि वे उन्हें कामरेड कहकर सम्बोधित करें और जिन भी सभा-सम्मेलनों में वे जाते, उनकी पत्नी उनके साथ होती थीं। उन्होंने ठीक यही व्यवहार अपनी बहन कन्नम्मल

के साथ भी किया। यहाँ तक कि जब गांधी ने सन् 1921 में शराबबन्दी के समर्थन में ताड़ी की दुकानों पर धरना देने का आह्वान किया, तब इरोड में आन्दोलन का नेतृत्व नगम्मल और कन्नम्मल ने किया। इस सबके बावजूद सन् 1933 में अपनी पत्नी की मृत्यु के बाद उन्होंने इस बात पर गहन खेद व्यक्त किया कि वे अपने वैवाहिक जीवन में अपनी स्त्रीवादी विचारों का एक छोटा-सा अंश भी लागू नहीं कर सके।

पेरियार के जीवन की एक अन्य महत्त्वपूर्ण घटना थी—सन् 1949 में 70 वर्ष की आयु में अपने से चालीस वर्ष छोटी मनियाम्माई से उनका पुनर्विवाह। मनियाम्माई छह वर्ष से उनकी निजी सचिव थीं। इस विवाह के लिए उनकी घोर निन्दा और भर्त्सना हुई; परन्तु वे अविचलित रहे। पेरियार ने कहा कि उन्होंने यौन-सुख के लिए विवाह नहीं किया है और यह भी कि यौन-सुख प्राप्त करने के लिए विवाह करना आवश्यक भी नहीं है। उन्होंने कहा कि विवाह के पीछे उनका उद्देश्य अपनी वैचारिक, सांगठनिक और भौतिक विरासत को सुरक्षित हाथों में सौंपना है; ताकि उनका काम आगे बढ़ सके। उन्होंने रूढ़िवाद के खिलाफ अपनी लम्बी और अथक लड़ाई की विरासत एक युवा महिला को सौंपी। यह स्त्रीवाद के प्रति उनकी आचरणगत प्रतिबद्धता का एक प्रमाण था।

(अंग्रेजी से अनुवाद : अमरीश हरदेनिया)

सामाजिक परिवर्तन के आन्दोलनों में पेरियार का स्थान

टी. थमराईकन्नन

दलित-बहुजन संघर्ष के लिए पेरियार के महत्त्व को समझने से पूर्व उनसे पहले के ऐसे गैर-ब्राह्मण आन्दोलनों पर एक संक्षिप्त दृष्टि डाल लेना उचित होगा, जिनका प्रभाव भारत पर, विशेषकर दक्षिण भारत पर रहा है।

700-600 ईसा पूर्व के आसपास, प्रवासी आर्यों द्वारा वैदिक संस्कृति लादे जाने के विरोध में कई गैर-ब्राह्मण विद्रोह हुए। परीविराजकर व लोकायत जैसे समूहों ने वैदिक रीति-रिवाजों के खिलाफ सघन अभियान चलाया। कनाथर, कबीलर, बुद्ध व महावीर जैसे नेताओं व बुद्धम, श्रमणम व अचीवगम जैसे वैदिक-विरोधी संगठनों ने सामाजिक न्याय के इस अभियान में हिस्सेदारी की।

दूसरी ओर, चेरा इमायावरंबन नेदुनचेरलाथन, चैजा पेरूनारकिल्लई व पंडिया पलयगसलई मुथ्थुकुद्दुमी पेरूवलूथि जैसे शासकों ने आर्यों का साथ दिया और वैदिक संस्कृति को अपना लिया। इन शासकों ने ब्राह्मणों को यज्ञ करने के लिए ढेर सारी भूमि, धन व स्वर्ण दान में दिया। जल्दी ही ब्राह्मण, शासकों के शक्तिशाली सलाहकार (राजगुरु) बन गए।

दूसरी सदी ईसा पूर्व व पहली सदी ईस्वी के बीच संकलित संगम साहित्य में बौद्ध और श्रमण परम्परा के तत्त्व देखे जा सकते हैं। 'मदुरै कांची' व 'पट्टीनापल्लई' जैसी काव्य रचनाओं से ज्ञात होता है कि तमिलनाडु में बौद्ध व श्रमण परम्परा कितनी समृद्ध थी। तमिल साहित्य के पाँच महाकाव्यों में से दो 'मणिमेकलई' व 'कुण्डाकेसी' में वैदिक-विरोधी परम्पराओं की झलक मिलती है। अंग्रेजों के आने के बाद मांटेग्यू-चेम्सफोर्ड सुधारों के जरिये 'द्विशासन' व्यवस्था अस्तित्व में आई। मद्रास प्रेसीडेंसी के ब्राह्मणों ने आईसीएस, राजनीतिक दलों, शिक्षा, मीडिया आदि के क्षेत्रों में घुसपैठ कर ली और इस प्रकार सामाजिक पदक्रम में अपना उच्च स्थान बनाए रखा। सभी सामाजिक, आर्थिक व राजनीतिक अधिकारों से वंचित गैर-ब्राह्मणों (शूद्र, पंचम) को सामाजिक न्याय के लिए संघर्ष शुरू करना पड़ा। डॉ. नटेसन, डॉ. टीएम नायर व सर पी थियागरायर जैसे प्रमुख गैर-ब्राह्मण राजनेताओं ने कई बैठकों और संगोष्ठियों का आयोजन किया और 20 नवम्बर, 1916 को 'साउथ इंडियन लिबरल फेडरेशन' का गठन किया।

सन् 1920 में, साउथ इंडियन लिबरल फेडरेशन, जिसका नाम बदलकर जस्टिस पार्टी कर दिया गया था; ने मद्रास प्रेसीडेंसी में पहले प्रत्यक्ष चुनाव में सफलता प्राप्त कर अपनी सरकार बनाई। यह पार्टी अगले 16 साल तक सत्ता में रही। 16 सितम्बर, 1921 को सरकार ने गैर-ब्राह्मणों के लिए नौकरियों में आरक्षण की घोषणा की। यद्दपि इस आदेश को 1928 में मुथय्या मुदलियार द्वारा लागू किया जा सका।

पेरियार व जस्टिस पार्टी

पेरियार ने 1925 में स्वाभिमान आन्दोलन शुरू किया। यद्यपि यह आन्दोलन चुनावी राजनीति से दूर रहा, तथापि वह शासक जस्टिस पार्टी का पथ-प्रदर्शन करता रहा। पेरियार ने कई पत्रिकाओं का प्रकाशन किया; जिनमें 'कुदी आरसु', 'पुरात्ची', 'पगाथरिवू' व 'रिवोल्ट' शामिल थीं।

पेरियार ने अपने लेखों के जरिये आमजनों को बताया कि किस प्रकार वेदों, शास्त्रों, ईश्वर में आस्था, संस्कारों व कर्मकांडों के नाम पर उनका शोषण किया जा रहा है और उन्हें हाशिए पर धकेला जा रहा है। उन्होंने गैर-ब्राह्मणों को आरक्षण सहित अन्य कानूनी रास्तों से सामाजिक न्याय दिलवाने का प्रयास किया। जब जस्टिस पार्टी सत्ता में थी, तब मुख्यमंत्री समय-समय पर पेरियार से विचार-विमर्श करते रहते थे।

जस्टिस पार्टी का शासनकाल आरक्षण के लिए तो याद किया ही जाता है; वह इसलिए भी याद किया जाता है, क्योंकि इस सरकार ने कई आदेश जारी कर दलितों को उनके अधिकार दिलवाए। इनमें हिन्दू मन्दिरों में प्रवेश का अधिकार, मुख्य सड़कों पर चलने का अधिकार, बस में यात्रा करने का अधिकार, थिएटरों में प्रवेश का अधिकार और सार्वजनिक तालाबों से पीने का पानी लेने का अधिकार आदि शामिल थे। शिक्षा में भेदभाव को गैर-कानूनी घोषित कर दिया गया। इसके अतिरिक्त इस सरकार ने म्यूनिसिपल स्कूलों के विद्यार्थियों के लिए मुफ्त मध्याह्न भोजन की शुरुआत की और महिलाओं को वोट देने और चुनाव लड़ने का अधिकार दिया।

हिन्दू मन्दिरों में चढ़ाए जाने वाले चढ़ावे को ब्राह्मण आपस में बाँट लिया करते थे। जस्टिस पार्टी देश की पहली ऐसी राज्य सरकार थी, जिसने हिन्दू-धर्म से सम्बन्धित चैरिटेबल ट्रस्ट की स्थापना की; जो मन्दिरों के धन का प्रबन्धन करता था और इस धन को सरकार के कल्याण कार्यक्रमों पर खर्च किया जाता था।

आजादी ने खत्म किया आरक्षण

सन् 1935 में पेरियार ने सरकार से अपील की कि वह राज्य सरकार की संस्थाओं की तरह मद्रास प्रेसीडेंसी में स्थित केन्द्र सरकार की सभी संस्थाओं में आरक्षण की व्यवस्था लागू करे। इस व्यवस्था के अन्तर्गत 14 प्रतिशत पद ब्राह्मणों के लिए, 44 प्रतिशत गैर-ब्राह्मणों के लिए व 14 प्रतिशत दलितों के

लिए आरक्षित किए जाते थे। तत्कालीन मुख्यमंत्री राजा सर बोबली ने इस अपील को केन्द्र सरकार को अग्रेषित कर दिया।

पेरियार और राजा सर बोबली के सघन प्रयासों से केन्द्र सरकार की संस्थाओं में 72 प्रतिशत आरक्षण लागू हो गया। यह ऐतिहासिक सरकारी आदेश देश में ब्रिटिश शासन समाप्त होने तक लागू रहा। परन्तु, भारत के 'स्वतंत्र' होने के कुछ ही समय बाद, भारत के ब्राह्मणवादी प्रशासकों ने इस आदेश को वापस ले लिया।

पेरियार ने पहले ही यह भविष्यवाणी की थी कि ऐसा होगा। उन्होंने 'विदुथलई' नामक दैनिक समाचार-पत्र में दो लेख लिखे थे। एक का शीर्षक था—'15 अगस्त : वर्णाश्रम शासन के नए युग का उदय' व दूसरे का था—'15 अगस्त : ब्रिटिश-बनिया-ब्राह्मण संविदा (गठजोड़) दिवस'।

प्रथम संविधान संशोधन और ओबीसी आरक्षण

यह सन् 1950 की बात है। एक ब्राह्मण महिला शेनबागुम दुरईसामी को एक चिकित्सा महाविद्यालय में इसलिए प्रवेश नहीं दिया गया, क्योंकि वह निर्धारित आयु-सीमा पार कर चुकी थी। दुरईसामी ने इसके लिए आरक्षण को दोषी ठहराते हुए मद्रास उच्च न्यायालय में एक याचिका दायर करके आरक्षण की व्यवस्था को रद्द करने की माँग की। इसी वर्ष की 28 जुलाई को मद्रास उच्च न्यायालय ने उसके पक्ष में अपना निर्णय सुना दिया। बाद में उच्चतम न्यायालय ने इस फैसले के खिलाफ अपील को खारिज कर दिया। इस तरह आरक्षण की व्यवस्था अचानक समाप्त हो गई। यह महत्त्वपूर्ण है कि शेनबागुम के वकील अल्लादी कृष्णस्वामी अय्यर थे, जो कि संविधान सभा के सदस्य रह चुके थे।

मद्रास उच्च न्यायालय के निर्णय के एक सप्ताह के भीतर, 6 अगस्त, 1950 को पेरियार ने मद्रास राज्य के लोगों से यह अपील की कि वे अपने अधिकारों को फिर से पाने के लिए संघर्ष शुरू करें। पूरे प्रदेश में विरोध-प्रदर्शन हुए। पेरियार ने 14 अगस्त, 1950 को आम हड़ताल का आह्वान किया

और वह जबरदस्त सफल रही। उन्होंने सरदार वल्लभभाई पटेल से अनुरोध किया कि आरक्षण के अधिकार की पुनर्स्थापना की जाए। सरकार ने उनकी अपील पर भारतीय संविधान के अनुच्छेद 15 (धर्म, मूलवंश, जाति, लिंग या जन्म-स्थान के आधार पर विभेद का प्रतिषेध) में संशोधन किया। अनुच्छेद 15 (1) कहता है कि 'राज्य किसी नागरिक के विरुद्ध केवल धर्म, मूलवंश, जाति, लिंग, जन्म-स्थान या इनमें से किसी के आधार पर कोई विभेद नहीं करेगा।' अनुच्छेद 29 (2) के अनुसार, 'राज्य द्वारा पोषित या राज्य-निधि से सहायता पाने वाली किसी शिक्षा संस्था में प्रवेश से किसी भी नागरिक को केवल धर्म, मूलवंश, जाति, भाषा या इनमें से किसी के आधार पर वंचित नहीं किया जाएगा।' अनुच्छेद 15 में खंड (4) जोड़ा गया, जो कहता है कि 'इस अनुच्छेद की या अनुच्छेद 29 के खंड (2) की कोई बात राज्य को सामाजिक और शैक्षिक दृष्टि से पिछड़े हुए नागरिकों के किन्हीं वर्गों की उन्नति के लिए या अनुसूचित जातियों और अनुसूचित जनजातियों के लिए कोई विशेष उपबंध करने से नहीं रोकेगी।'

इस प्रकार पेरियार ने आरक्षण की व्यवस्था को समाप्त करने के षड्यंत्र को विफल करके इसके लिए संवैधानिक व्यवस्था करवा दी। अगर 30 शब्दों का यह खंड संविधान में नहीं जोड़ा गया होता, तो तमिलों की कई पीढ़ियाँ शिक्षा से वंचित रह जातीं और शेष भारत को रास्ता दिखाने वाला कोई राज्य न होता और न ही सामाजिक व शैक्षिक दृष्टि से पिछड़े वर्गों के लिए आरक्षण का प्रावधान हो पाता। पेरियार के कारण ही अब भारत के पिछड़े वर्गों की आने वाली पीढ़ियाँ शिक्षा से वंचित नहीं रहेंगी।

(अंग्रेजी से अनुवाद : अमरीश हरदेनिया)

पेरियार के राजनीतिक विचार प्रयोग और प्रभाव

वी. गीता व एस.वी. राजादुरै

पेरियार के विचार आमूल परिवर्तनवादी थे। ब्राह्मणवाद की उनकी समालोचना के कई पहलू थे। वे ब्राह्मणवादियों की श्रम और स्पर्श से घृणा को खारिज करते थे। श्री सी. राजगोपालाचारी (राजाजी), जो उनके अभिन्न मित्र थे; के साथ अपने मतभेदों पर उन्होंने लिखा कि राजाजी अपने मिशन के प्रति हमेशा निष्ठावान रहे और उनका मिशन यह था कि 'वे नहीं चाहते थे कि उनकी जाति के लोग गैंती-फावड़ा उठाएँ।' एक अन्य मौके पर ब्राह्मणवादी बौद्धिकता के लचीलेपन, जो कि उसके चिरस्थायित्व का एक कारक थी; की चर्चा करते हुए उन्होंने कहा कि कुछ ब्राह्मण किसी 'पंचम' को अपने घर में ही नहीं घुसने देना चाहते, तो कुछ पंचमों को अपने रसोईघरों में भी आने देते हैं। कुछ किसी पंचम को अपने घर के पूजाघर में भी प्रवेश करने देते हैं और कुछ ब्राह्मणों ने तो पंचमों से विवाह करने में भी संकोच नहीं किया। इस तरह ब्राह्मण हमेशा वही करते थे, जिससे उन्हें अधिकतम लाभ होता था। पेरियार इसके लिए तमिल शब्द 'बलिथावरई' का इस्तेमाल करते हैं; जिसका अर्थ है—'जिससे भी काम चल जाए'।

पेरियार का यह तर्क भी था कि ब्राह्मणवाद का मुख्य आधार है—'वर्ण-धर्म'; जो एक ऐसी सीढ़ी की अवधारणा है, जिसके हर पायदान पर कोई न कोई जाति है और हर व्यक्ति के दिमाग में यह पदक्रम बसा हुआ है। हम स्वयं को और अन्यों को इस पदक्रम में उसके स्थान के आधार पर तौलते हैं। पेरियार के विचारों के जिस पक्ष ने आम लोगों को सबसे अधिक आकर्षित किया, वह था—ब्राह्मण समुदाय की स्वयं को दूसरों से अलग रखने और जब भी उन्हें चुनौती मिले, तब अपने स्तर का 'उन्नयन' करने की प्रवृत्ति का उनका आलोचना-पक्ष। ब्राह्मण रोजाना की धार्मिक क्रियाओं, संस्कृति और सामाजिक मूल्यों आदि सब पर अपना वर्चस्व कायम रखना चाहते थे। पेरियार ने ब्राह्मणों के धार्मिक विशेषाधिकारों की जमकर खिल्ली उड़ाई और हिन्दू धार्मिक शिक्षाओं की बिना किसी लाग-लपेट के कठोर निन्दा की।

पेरियार का तर्क था कि द्रविड़ आस्थाओं और अनुष्ठानों को ब्राह्मणवादी व्याख्याओं और तर्कों द्वारा दूषित कर दिया गया है और इसी आधार पर वे तमिल शैवों के इस दावे का खंडन करते थे कि उनकी आस्था जिस शैव सिद्धान्त में है, वह ब्राह्मणवादी हिन्दू-धर्म से एकदम अलग है। वे स्थानीय कर्मकांडों और ग्रामीण पंथों को भी खारिज करते थे। धर्म की उनकी आलोचना ने एक राजनीतिक आन्दोलन की शक्ल अख्तियार कर ली। द्रविड़ शैव और वे लोग भी, जो स्थानीय धार्मिक विचारों और आस्थाओं से जुड़े हुए थे; ने धर्म के पेरियार के विरोध और उनकी ब्राह्मणों और ब्राह्मणवादियों की आलोचना को अलग करके देखना शुरू कर दिया। उन्होंने पेरियार के धर्म के विरोध को नजरअन्दाज किया और केवल ब्राह्मणवाद की उनकी आलोचना को महत्त्व दिया। यद्यपि यह बात उनके सभी अनुयायियों के बारे में सही नहीं थी और इनमें महिलाएँ शामिल थीं। यह महत्त्वपूर्ण है कि उनके द्वारा स्थापित कई संगठनों के सदस्य अपने दैनिक जीवन में नास्तिक थे और उनमें कई ऐसी साहसी महिलाएँ शामिल थीं, जो गर्व से स्वयं को नास्तिक बताती थीं और कहती थीं कि उनका अन्तिम संस्कार धर्मनिरपेक्ष तरीके से उन्हें दफ्न करके किया जाए।

इससे एक नई संस्कृति का विकास हुआ। धार्मिक आस्थाओं का विरोध करने के लिए पेरियार जो सार्वजनिक कार्यक्रम आयोजित करते थे, जिनमें गणेश की मूर्ति को तोड़ना और भगवान राम के चित्रों को चप्पलों से मारना शामिल था; उन्हें तो जनता का समर्थन मिला, परन्तु ब्राह्मणवादी हिन्दुत्व पर उनके हमले में निहित जाति की कड़ी आलोचना को लोगों ने न तो समझा और न उसे आत्मसात् किया।

तमिलनाडु में हमेशा से धार्मिक कर्मकांड, जिनमें मन्दिरों में होने वाले उत्सव और उनमें समुदायों के स्थानीय प्रमुखों को दी जाने वाली पदवियाँ शामिल थीं; सामाजिक दर्जे के निर्धारक हुआ करते थे। यह बात स्थानीय मन्दिरों से लेकर भव्य राजसी ब्राह्मणवादी देवस्थानों तक के लिए सही थी।

इस तरह किसी व्यक्ति का सामाजिक दर्जा, मन्दिरों और धार्मिक कर्मकांडों से जुड़ा हुआ था; और नतीजे में धार्मिक तथा धर्मनिरपेक्ष सत्ताएँ एक-दूसरे से घुलमिल गई थीं। यही कारण था कि दलितों ने ऐसे उत्सवों में वर्चस्वशाली जातियों की प्रधानता को खुली चुनौती दी और इन उत्सवों में अपने लिए उपयुक्त स्थान और भूमिका की माँग की।

अगर हम पेरियार के जीवन और उनके कार्यों को इतिहास पर दूरगामी प्रभाव की दृष्टि से देखें और उनका आकलन ब्राह्मणवादी हिन्दू-धर्म और स्थानीय व क्षेत्रीय आस्थाओं और उनके आचरणों के बीच के जटिल रिश्ते के आधार पर करें; तो हम उनके प्रभाव की अधिक गम्भीर विवेचना कर सकेंगे। हमें यह समझ में आएगा कि उन्होंने अपनी बौद्धिकता और समाज पर अपने प्रभाव के जरिये धर्म-भीरुता पर प्रभावकारी हमला किया।

जागीरें, भ्रष्टाचार और हिन्दुत्व

पेरियार इन तीनों का विरोध करते हैं। क्योंकि, वे राजनीतिक शक्ति को सन्देह की दृष्टि से देखते थे। उन्होंने कई बार यह दोहराया कि सत्ता व्यक्तियों को भ्रष्ट बना सकती है और बनाती है; और वह भी केवल भौतिक अर्थों में

नहीं, वरन् इस अर्थ में भी कि वह लोगों को उनकी सामाजिक सोच के साथ समझौता करने पर मजबूर करती है।

उन्होंने यह लिखा कि सत्ता से दूर रहने के कारण वे धार्मिक मामलों में स्वतंत्र रह सके और आस्था पर आधारित सामाजिक आचरणों की खुलकर निन्दा कर सके। दूसरे, वे व्यावहारिक थे और उन्हें यह पता था कि सामाजिक परिवर्तन लाने में राज्य द्वारा बनाए गए कानूनों की महत्त्वपूर्ण भूमिका है। परन्तु, इसके कारण उन्होंने सामाजिक और धार्मिक प्रथाओं और आचरणों का विरोध करना बन्द नहीं किया। अर्थात्, वे यह मानते थे कि अगर वे राज्य से यह उम्मीद करते हैं कि वह सामाजिक परिवर्तन के लिए कार्य करे, तो इसका अर्थ यह नहीं है कि राज्य को अकेले ही यह करना होगा और शायद इसलिए उन्होंने कामराज के नेतृत्व में बनी तमिलनाडु की सरकार का समर्थन किया था।

जैसा कि हम सब जानते हैं कि राजनीतिक व्यावहारिकता सिद्धान्तों पर आधारित हो भी सकती है और नहीं भी। परन्तु, यह बात पेरियार को मंजूर नहीं थी। पेरियार ने जब ऐसी सरकारों का समर्थन किया, जिनके बारे में उन्हें ऐसा लगता था कि वे सामाजिक न्याय के प्रति प्रतिबद्ध हैं; तब भी उन्होंने इस समर्थन को अपने सार्वजनिक कार्यों के आड़े नहीं आने दिया।

पेरियार के लिए सार्वजनिक जीवन में ईमानदारी एक बहुत महत्त्वपूर्ण मूल्य था और वे उन लोगों को बहुत नीची दृष्टि से देखते थे, जो सत्ता में रहते हुए धनार्जन करते थे। परन्तु, वे इस बात से परिचित थे कि धन की लिप्सा किसी व्यक्ति से कुछ भी करा सकती है और इसीलिए वे अपने संगठनों के आर्थिक संसाधनों पर कड़ा नियंत्रण रखते थे और उन्होंने कभी यह प्रयास नहीं किया कि उनके परिजनों का इन संसाधनों पर नियंत्रण स्थापित हो जाए।

पूँजीवाद पर

पेरियार यह बात स्पष्टत: समझते थे कि पूँजीवाद का जोर केवल अधिक-से-अधिक सम्पत्ति के अर्जन पर होता है और इसलिए पूँजीवाद को इस बात

की चिन्ता नहीं होती कि इससे आम लोगों पर क्या प्रभाव पड़ेगा। अगर वे भारतीय राष्ट्र-राज्य को ब्राह्मण-बनिया राज्य कहते थे, तो इसका कारण केवल सांस्कृतिक और सामाजिक मुद्दे नहीं थे; वरन् इसके पीछे यह मान्यता भी थी कि राज्य, पूँजीवादियों के हितों का संरक्षक है। वे राज्य को एक गणतांत्रिक संस्था मानते थे, जिसमें जनता हर अर्थ में सर्वप्रभुता सम्पन्न थी और राज्य की भूमिका यही थी कि वह ज्यादा-से-ज्यादा लोगों की भलाई के लिए काम करे और इसके लिए आवश्यक कानून और योजनाएँ बनाए। यही कारण है कि उनका कहना था कि सत्ता में सभी वर्गों का प्रतिनिधित्व होना चाहिए और इसी कारण वे आरक्षण को महत्त्वपूर्ण मानते थे। जब तक सत्ता में सभी वर्गों का प्रतिनिधित्व नहीं होगा, तब तक राज्य जनहितैषी नहीं हो सकता और न ही उसकी जनता, सर्वप्रभुता सम्पन्न हो सकती है।

पेरियार एक दूसरे कारण से भी पूँजीवाद के विरोधी थे। उनका कहना था कि निजी सम्पत्ति, सामाजिक और वैवाहिक रिश्तों को अनिवार्य बना देती है। चूँकि, हम हमारी सम्पत्ति या संसाधनों को अपनी अगली पीढ़ी को सौंपना चाहते हैं; इसलिए विवाह करना हमारे लिए अनिवार्य हो जाता है। भारतीय सन्दर्भ में हम अगली पीढ़ी को अपनी सम्पत्ति के साथ-साथ अपनी जातिगत विरासत भी सौंपते हैं। उनका तर्क था कि विवाह की संस्था 'अन्यायपूर्ण सामाजिक व्यवस्था' को चिरस्थायी बनाती है और शोषक आर्थिक व्यवस्था को जिन्दा रखती है। यह विचार उन्होंने ऐंगेल्स से लिया था और उसमें जाति के परिप्रेक्ष्य में उचित संशोधन किए थे।

प्रजातंत्र पर

वे मूलत: प्रजातंत्रवादी थे और वे मतभेदों और अपने से भिन्न विश्वदृष्टि को स्वीकार करने में हिचकिचाते नहीं थे। वे यह मानते थे कि आपसी बातचीत में हर व्यक्ति को यह अधिकार होना चाहिए कि वह अपने विचार और राय खुलकर व्यक्त कर सके। वे यह भी मानते थे कि वैचारिक और राजनीतिक मतभेद हमारे परस्पर व्यवहार में सौम्यता और शिष्टता के आड़े नहीं आने

चाहिए। जाति और लैंगिक मुद्दों पर भी उनकी सोच प्रजातांत्रिक थी और वे पूर्ण समानता, न्याय और बन्धुत्व के हामी थे। परन्तु, वे प्रजातंत्र के व्यावहारिक स्वरूप अर्थात् चुनावी राजनीति के प्रति असहज थे। उन्हें यह आशंका थी कि राजनीतिक अवसरवाद और बिना मुद्दे को समझे अपनी राय बनाने की प्रवृत्ति के चलते चुनावी राजनीति में सिद्धान्तविहीन लफंगे सफल हो जाएँगे। उनका स्वयं का संगठन भी प्रजातांत्रिक नहीं था और अलग-अलग समय पर उनके कई विश्वस्त सहयोगी उनका साथ छोड़कर चले गए। इनमें से कुछ ने सैद्धान्तिक कारणों से ऐसा किया, तो अन्यों ने व्यक्तिगत अथवा अन्य कारणों से। परन्तु, इसमें कोई सन्देह नहीं कि वे आमूल प्रजातंत्रवादी थे और राज्य को एक ऐसी संस्था के रूप में देखते थे, जिसका उद्देश्य अधिकतम लोगों का अधिकतम कल्याण करना था। उनकी यह मान्यता थी कि राज्य की सम्प्रभुता का आधार और स्रोत नागरिक ही हैं।

पेरियार तथा शूद्र-अतिशूद्र

वन्नियार तमिलनाडु की एक ऐसी पिछड़ी जाति है, जो लम्बे समय तक कृषि से जुड़ी हुई थी—भूस्वामी के रूप में नहीं, वरन् बटाईदार और मजदूर के रूप में। उत्तरी तमिलनाडु में इस जाति की खासी आबादी है और कई संगठनों के जाल के जरिये इस जाति के सदस्य एक सूत्र में बँधे हुए हैं। शहरीकरण और जमींदारों की विदाई के कारण बटाईदारों को कुछ हद तक जमीनों पर मालिकाना हक मिला है। इस जाति का एक तबका बुनकर भी है। हाल के वर्षों में वन्नियार लोग अन्य व्यवसायों से भी जुड़ गए हैं। आरक्षण के कारण उन्हें सरकारी नौकरियाँ भी मिली हैं। यद्यपि, आज भी विभिन्न काम-धन्धों में उनकी भागीदारी आबादी में उनके हिस्से के अनुपात में नहीं है। उनमें से अधिकांश आज भी खेती ही कर रहे हैं और खेती से जुड़ी समस्याओं से जूझ रहे हैं। नेवेली लिग्नाइट बिजली कारखाने के आसपास के इलाके में उन्हें उनकी जमीनों से बेदखल कर दिया गया। वन्नियार सुसंगठित हैं और द्रविड़ पार्टियों, कांग्रेस और सीमित संख्या में वामपंथी किसान सभाओं में राजनीतिक

रूप से सक्रिय हैं। उनका राजनीतिक नेतृत्व वन्नियारों, जो कि अति पिछड़ा वर्ग घोषित कर दिए गए हैं : को आरक्षण कोटे में निश्चित हिस्सा दिलवाने के लिए आन्दोलनरत रहा है। इस जाति के राजनीतिक नेतृत्व का यह प्रयास भी रहा है कि उसे केन्द्र अथवा राज्य की सत्ता में सत्ताधारी राजनीतिक दलों में पर्याप्त प्रतिनिधित्व मिल सके।

एक अन्य जाति, जिसकी हम चर्चा करेंगे; वह है—मुकुल्लाथौर। यह दरअसल कई समुदायों का एक समूह है; जिसकी बड़ी आबादी राज्य के दक्षिणी जिलों में रहती है। इसका एक तबका विमुक्त समुदाय भी है। इस समूह की जातियाँ, जिनमें अगामुदय्यार, कल्लार और मारवार शामिल हैं; कृषक समाज के हाशिए पर रही हैं। पूर्व आधुनिक काल में ये जातियाँ मुख्यत: कानून-व्यवस्था बनाए रखने के अलावा योद्धा के रूप में काम करती थीं। फिलहाल इन जातियों के लोग किसी विशेष व्यवसाय से जुड़े नहीं हैं। यद्यपि, पूर्वी जिलों में उनमें से कुछ खेती करते हैं और प्रभावशाली जमींदार भी हैं। उनमें से कई औपनिवेशिक राज के अन्तिम दौर में श्रीलंका और मलाया (आज के मलेशिया और सिंगापुर) के चाय और रबर बागानों में काम करने के लिए चले गए थे। कई ने औपनिवेशिक सरकार के अधिकारियों और मिशनरियों के प्रभाव में आकर अपने लड़ाकूपन का त्याग करके खेती शुरू कर दी और केरल से सटे राज्य के केन्द्रीय जिलों में बस गए। इन समुदायों का उभार सन् 1925 में शुरू हुआ; जब उनके बीच से एक करिश्माई और शक्तिशाली स्थानीय नेता उभरा। उसे अब एक श्रद्धेय पूर्वज का दर्जा दे दिया गया है और इसी रूप में उसकी आराधना की जाती है। सन् 1980 के दशक में शासक एआईएडीएमके ने उन्हें राजनीतिक समर्थन दिया और इससे भी उनकी ताकत में बढ़ोतरी हुई। स्थानीय परिस्थितियों, राजनीतिक संरक्षण और आरक्षण के चलते वे दक्षिणी जिलों में पुलिस और राजस्व महकमों के निचले दर्जों के पदों पर बड़ी संख्या में नियुक्त हो गए।

इसके साथ ही मुकुल्लाथौरों का एक तबका वामपंथी आन्दोलन में भी सक्रिय था; विशेषकर उन इलाकों में, जहाँ वे खेती करते थे। इस जाति के कुछ सदस्य वाम नेतृत्व वाली ट्रेड यूनियनों में भी शामिल हो गए। द्रविड़

पार्टियों, फारवर्ड ब्लॉक और कांग्रेस में भी इस जाति के सदस्यों की खासी मौजूदगी है।

एक तीसरा समुदाय है, जो काफी प्रभावशाली बन गया है; वह है—गौंडर। इस समुदाय के लोगों को कोंगू वेलेला भी कहा जाता है। ये मूलत: किसान हैं। पश्चिमी तमिलनाडु के उन इलाकों में, जहाँ बहुत कम वर्षा होती है; अपनी कड़ी मेहनत से इन्होंने खेती करनी शुरू की और इनके कौशल और श्रम को औपनिवेशिक प्रशासकों ने भी सराहा। इस क्षेत्र में आर्थिक परिवर्तनों के चलते इस समुदाय के कुछ सदस्यों ने खेती छोड़कर उद्यम स्थापित किए और आज इनमें से कई वस्त्र और उससे जुड़े उद्योगों से सम्बन्धित इकाइयों का सफलतापूर्वक संचालन कर रहे हैं। वे होजरी इकाइयाँ भी चला रहे हैं और अपने उत्पादों का निर्यात भी कर रहे हैं। इनमें से अधिकांश इकाइयाँ औद्योगिक दृष्टि से समृद्ध तिरुपपुर नगर में स्थित हैं। गौंडरों के जातिगत बन्धुत्व ने उद्योग स्थापित करने के लिए पूँजी जुटाने में उनकी मदद की।

यद्यपि, उनके बीच अब भी वर्गीय अन्तर बरकरार हैं; तथापि कुल मिलाकर यह जाति सफल और तेजी से ऊपर उठती हुई मानी जाती है। राजनीतिक दृष्टि से इस जाति का श्रेष्ठी वर्ग राष्ट्रवादी कांग्रेस से जुड़ा हुआ था। यद्यपि, बड़ी संख्या में इस जाति के सदस्य द्रविड़ और कम्युनिस्ट आन्दोलन में भी शामिल थे। इस पूरे क्षेत्र में जाति-आधारित संगठनों की भरमार है और उनकी पहचान की राजनीति व ज्यादा-से-ज्यादा आरक्षण पाने की उनकी इच्छा ने उन्हें छोटे नगरों और ग्रामीण इलाकों के नेताओं का प्रियपात्र बना दिया है। इन जाति-संगठनों को सम्बन्धित जातियों का सम्पन्न तबका बिना प्रचार के आर्थिक सहयोग देता है।

चौथी जाति है नाडर, जो 19वीं सदी में लगभग अछूत माने जाते थे। आज वे तमिलनाडु के सबसे उन्नतिशील समुदायों में शामिल हैं। उनमें से कुछ सफल उद्यमी और शिक्षाशास्त्री हैं और उनके काम-धन्धे तमिलनाडु में ही नहीं, वरन् पूरे देश में फैले हुए हैं। यद्यपि, नाडर ओबीसी का साथ देते आए हैं; तथापि दलितों से उनकी कभी कोई प्रतिद्वन्द्विता नहीं रही। उनमें

जाति से बाहर शादी करने पर उतने कड़े प्रतिबन्ध नहीं हैं, जितने कि अन्य जातियों में हैं। इस समुदाय का एक हिस्सा हिन्दुत्व की विचारधारा की ओर भी आकर्षित हो गया है और इसका एक कारण है—मुसलमानों के साथ व्यापारिक प्रतिद्वन्द्विता। यह विडम्बनापूर्ण ही है। क्योंकि, आत्मसम्मान आन्दोलन जब अपने चरम पर था, तब वे पेरियार के कट्टर समर्थकों में गिने जाते थे। जातिगत पदक्रम में उनके स्थान के बारे में संशय की स्थिति के चलते उन्हें अछूत-प्रथा का 'पालन' तो नहीं करना पड़ा; परन्तु सामाजिक पदक्रम में अपनी स्थिति को बेहतर बनाने के लिए वे वर्ण-धर्म का पालन करते रहे हैं।

इन जातियों में से वन्नियार, मुकुल्लाथौर और गौंडर दलितों पर हमलों में अग्रणी भूमिका निभाते आए हैं। इसके साथ-साथ सत-शूद्र तथा वे तथाकथित अति-पिछड़ी जातियाँ, जो स्थानीय दृष्टि से वर्चस्वशाली हैं; भी मन्दिरों में प्रवेश के मामले में दलितों को समान अधिकार देने की विरोधी रही हैं और ऐसे विवाहों के भी विरुद्ध रही हैं, जिनमें वर या वधू में से एक दलित हो।

अति-शूद्रों पर हमले दरअसल एक प्रकार की सामाजिक असुरक्षा के भाव से उपजते हैं। जो अति-शूद्र शिक्षा पा रहे हैं और उन्नति कर रहे हैं, वे जातिगत पदक्रम के नियमों की अवहेलना करते हैं और ऐसा करने वालों को उच्च व मध्यम जाति के लोग अपने लिए खतरा मानने लगते हैं। इस असुरक्षा के भाव का प्रकटीकरण हिंसा के रूप में होता है; जिसे अक्सर जाति-संगठनों और राजनीतिक दलों का समर्थन हासिल होता है।

अति-शूद्र नेता और राजनीतिक दल जो प्रश्न उठाते रहे हैं, वह यह है कि जातिगत हितों, जो अति-शूद्रों के प्रति बैरभाव के रूप में प्रकट होते हैं; के रहते हुए भी इस राज्य में एक शक्तिशाली जाति-विरोधी आन्दोलन कैसे खड़ा हो गया और किस प्रकार इस आन्दोलन का नेतृत्व सत्ता में आ सका? युवा दलित बुद्धिजीवी यह तर्क देते हैं कि इन जातियों के राजनीतिक और आर्थिक दबदबे और दलितों पर उनकी दादागीरी से यह जाहिर होता है कि द्रविड़ आन्दोलन की सफलता सीमित थी। यह आन्दोलन केवल ब्राह्मण-विरोधी राजनीति बनकर रह गया और जाति-विरोधी राजनीति का स्वरूप

ग्रहण न कर सका। उनका यह भी कहना है कि यह आन्दोलन और उसके सर्वेसर्वा पेरियार जाति का विरोध करने में उतनी रुचि नहीं रखते थे, जितनी कि वे ब्राह्मणों का विरोध करने में रखते थे।

इस प्रश्न का उत्तर आसान नहीं है। लगभग 50 साल से राज्य में गैर-ब्राह्मण सरकारों के शासन के बावजूद दलितों के खिलाफ हिंसा जारी है और दलितों की सीमित सफलता के विरुद्ध शत्रुता का भाव आज भी बना हुआ है। इस मुद्दे का गम्भीरता से अध्ययन किया जाना चाहिए; और ऐसा करने के लिए हमें बीते समय का अध्ययन तो करना ही होगा, हमें यह भी देखना होगा कि उस अतीत का इस्तेमाल आज के सरोकारों को औचित्यपूर्ण सिद्ध करने और उनकी व्याख्या करने के लिए कैसे किया जा रहा है?

तमिलनाडु में जहाँ बड़ी संख्या में ऐसे दलित बुद्धिजीवी हैं, जो अपने जाति-विरोधी संघर्ष की प्रेरणा पेरियार के विचारों से लेते हैं (ये मुख्यत: वे हैं, जो द्विभाषी नहीं हैं और इसलिए उन्हें अखिल भारतीय स्तर पर पढ़ा नहीं जाता); वहीं उतनी ही संख्या में ऐसे बुद्धिजीवी भी हैं, जो अपने-अपने कारणों से व अलग-अलग तर्कों के आधार पर यह कहते हैं कि पेरियार दलितों के लिए अप्रासंगिक हैं।

जाति के उन्मूलन के प्रति प्रतिबद्ध

हम सबसे पहले यह जोर देकर कहना चाहते हैं कि ये तर्क—कि पेरियार जाति के उन्मूलन के प्रति प्रतिबद्ध नहीं थे; न तो इतिहास की कसौटी पर खरे उतरते हैं और न ही अवधारणात्मक आधारों पर। यह कहना भी ठीक नहीं है कि पेरियार के सरोकार केवल गैर-ब्राह्मणों को ब्राह्मणों के बराबर दर्जा दिलवाने तक सीमित थे। अगर हम पेरियार के लम्बे राजनीतिक जीवन का अध्ययन करें, तो हम पाएँगे कि उन्होंने और उनके द्वारा स्थापित संगठनों व उनके आन्दोलन के चिन्तकों व सदस्यों ने लगातार जाति के विरोध में राजनीति की। यह अवश्य है कि अलग-अलग समय पर उनका जोर अलग-अलग चीजों पर रहा और उनके तर्क भी बदलते रहे।

1925-1931 की अवधि में पेरियार और उनके आत्मसम्मान आन्दोलन ने आमूल परिवर्तनवादी नास्तिकता का प्रचार किया और अछूत-प्रथा के निवारण और दलितों को उनके नागरिक अधिकार दिलवाने व मन्दिरों सहित सभी सार्वजनिक स्थलों में उनके प्रवेश पर लगे प्रतिबन्धों को हटवाने के लिए सघन प्रयास किए। उन्होंने राजनीतिक ब्राह्मणवाद, जो उनकी दृष्टि में कांग्रेस का राष्ट्रवाद था; का सैद्धान्तिक आधारों पर जोरदार विरोध किया। वे राजनीतिक ब्राह्मणवाद की जमकर निन्दा करते थे और उसका मखौल उड़ाते थे। वे हिन्दू-धर्म के भी उतने ही कड़े आलोचक थे और हिन्दू-धर्मग्रंथ, कर्मकांड और परम्पराएँ भी उनकी आलोचना से बच न सके। महिलाओं के मुद्दे पर भी उनके सुस्पष्ट विचार थे और वे महिलाओं की स्वतंत्रता और स्वायत्तता के हामी थे। उनका यह मानना था कि महिलाओं को यौन सम्बन्धों और विवाह के मामलों में पूरी स्वतंत्रता होनी चाहिए। साथ ही उन्हें समानता, न्याय और जनसाधारण की बेहतरी के लिए सार्वजनिक जीवन में हिस्सेदारी करने का बराबर अधिकार मिलना चाहिए।

सन् 1932 से 1937 के बीच, विशेषकर 1935 तक, अपनी सोवियत संघ की यात्रा (1931-1932) के बाद पेरियार की जाति की समालोचना, उसके आर्थिक व भौतिक बुनियाद की समालोचना पर आधारित थी। आत्मसम्मान आन्दोलन के पहले दशक के दौरान पेरियार ने गैर-ब्राह्मण शूद्रों और शत-शूद्र जातियों, दलितों, पढ़े-लिखे और शिक्षित पुरुषों, महिलाओं और गरीबों को भी अपने आन्दोलन का हिस्सा बनाया। दलित समूहों, जातियों के संगठन व गैर-ब्राह्मण नागरिक समूह आत्मसम्मान आन्दोलन से जुड़े हुए थे और पेरियार और उनके साथी इन सभी के मंचों से बोलते थे। दलितों को समानता और न्याय हासिल करने के अधिकार को पेरियार कितना महत्त्वपूर्ण मानते थे, यह इससे साबित होता है कि आत्मसम्मान आन्दोलन ने 'कम्युनल अवार्ड' पर आंबेडकर के दृष्टिकोण का पूर्ण समर्थन किया और यह आन्दोलन गांधी का उतना ही कड़ा आलोचक था, जितने कि आंबेडकर भविष्य में बने।

हमें यह नहीं भूलना चाहिए कि तमिलनाडु या पुराने मद्रास में दलित प्रश्न पर विचार करने वाले पेरियार न तो पहले और न ही एकमात्र व्यक्ति

थे। जैसा कि पंडित अयोथी थास के जीवन और लेखन से स्पष्ट है कि 19वीं सदी के अन्तिम 25 वर्षों या शायद उसके भी पहले से इस इलाके में दलित संगठन, चर्च और समाचार-पत्र दलितों के अधिकारों की बात करते आ रहे थे। युवा दलित अध्येताओं जैसे माथिवन्नन, स्टालिन राजंगम, रघुपति और बालासुब्रमण्यम द्वारा किए गए शोध से यह सामने आया है कि शूद्र-अति शूद्रों को एकसूत्र में बाँधने के प्रयासों का इतिहास बहुत जटिल और पुराना है। यह उन क्षेत्रों तक सीमित नहीं था, जहाँ कांग्रेस, द्रविड़ आन्दोलन या वाम आन्दोलन का प्रभाव था। इसलिए, एक तरह से पेरियार एक ऐसे समूह को सम्बोधित कर रहे थे, जिसका पहले से ही राजनीतिकरण हो चुका था। इसमें कोई सन्देह नहीं कि उन्होंने गणतंत्रवाद और महिलाओं की समानता से सम्बन्धित कई चौंका देने वाले और नए सिद्धान्त प्रस्तुत किए। परन्तु, ब्राह्मणों और हिन्दू-धर्म की उनकी आलोचना नई नहीं थी। यह आलोचना सन् 1890 के दशक से जारी थी।

कुल मिलाकर जाति-विरोधी राजनीति के पहले दशक में जाति के उन्मूलन का आह्वान किया गया और इसका जरिया बनी आत्मसम्मान पर आधारित बन्धुत्व की राजनीति और ब्राह्मणवादी हिन्दू-धर्म और मन्दिरों में की जाने वाली आराधना की निन्दा। यह राजनीति तार्किकता और सामाजिक व लैंगिक समानता पर आधारित थी। आत्मसम्मान पर आधारित अपनी पहचान का निर्माण जाति से मुक्त जीवन जीने का एक आवश्यक तत्त्व माना गया।

सन् 1938 से 1947 के बीच जब आत्मसम्मान आन्दोलन ने तमिलनाडु में शिक्षा के माध्यम के रूप में हिन्दी को थोपे जाने के विरुद्ध आन्दोलन किया, तब भी इसमें राजनीतिक ब्राह्मणवाद की आलोचना निहित थी। पेरियार और उनके अनुयायियों का यह मानना था कि हिन्दी थोपने का प्रयास दरअसल राष्ट्रवादी ब्राह्मण-बनिया गठबन्धन की राजनीति और संस्कृति को तमिलनाडु पर थोपने का प्रयास था। उनका यह मानना था कि इससे भारतीय राष्ट्रवाद संकीर्ण बनेगा और ऊँची जातियों के प्राधान्य को मजबूती मिलेगी। इस दशक में जाति की आलोचना से राष्ट्रवाद की

आलोचना भी जुड़ गई। भारत उन दिनों स्वतंत्रता के मुहाने पर खड़ा था और इस आलोचना को स्वर दिया द्रविड़ राष्ट्रवाद ने। यह इस आन्दोलन के इतिहास का सबसे जटिल हिस्सा है। क्योंकि, इसके कई परिणाम हुए। इसने द्रविड़ राष्ट्र के आत्मनिर्णय के अधिकार की माँग को स्वर दिया और यह तर्क दिया कि द्रविड़ राष्ट्र, जाति-मुक्त आदर्श-लोक होगा। यद्यपि, इस राजनीति में जाति की आलोचना निहित थी; तथापि, उसमें पहले जितना सामाजिक पैनापन नहीं था।

सन् 1948 से 1952 के बीच पेरियार का गुस्सा हिन्दू-हिन्दी-हिन्दुस्तान पर फूट पड़ा और वे वामपंथ के नजदीक आए। परन्तु, 1952 के पहले आम चुनाव के बाद से लेकर 1967 तक उन्होंने व्यावहारिक राजनीति की। उन्हें लगा कि गैर-ब्राह्मण कांग्रेस नेता के. कामराज (जो 1954 से 1963 तक तमिलनाडु के मुख्यमंत्री थे) की सरकार सामाजिक न्याय के उनके स्वप्न को पूरा कर सकेगी। इस स्वप्न में शामिल था आरक्षण, राजनीतिक पदों पर गैर-ब्राह्मणों की नियुक्तियाँ और आधुनिक औद्योगिक विकास। जाति की उनकी आलोचना ने अब के. कामराज की नीतियों के समर्थन का रूप ले लिया। पेरियार सकारात्मक भेदभाव के हामी बन गए और आधुनिक, सामाजिक व आर्थिक व्यवस्था के प्रति पूर्णत: प्रतिबद्ध हो गए।

इस दौर में, विशेषकर 1950 के दशक के पूर्वार्द्ध में पेरियार ने यह स्वीकार किया कि डॉ. आंबेडकर, उनके विचार और उनके संगठन तथा शूद्र-अतिशूद्रों के हितों का बेहतर संरक्षण कर सकते हैं। जो लोग पेरियार को ठीक से नहीं समझ पाते, उन्हें ऐसा लग सकता है कि पेरियार ने स्वयं को शूद्रों के नेता के रूप में प्रस्तुत किया, न कि जाति-विरोधी राजनीतिज्ञ के रूप में।

इस जटिल राजनीतिक इतिहास के परिप्रेक्ष्य में हम पेरियार की विरासत का किस प्रकार आकलन करें? द्रविड़ आन्दोलन ने उनकी राजनीतिक विरासत के आधार पर सीमित सफलता हासिल की, विशेषकर आरक्षण व लोकलुभावन जनकल्याण योजनाओं के सन्दर्भ में। कामराज के समय जहाँ जनकल्याण कार्यक्रम नीतियों का हिस्सा थे, वहीं एआईएडीएमके के दौर में इन कार्यक्रमों

ने एक नया रूप ले लिया। इसके नतीजे में आज स्थिति यह बन गई है कि द्रविड़ आन्दोलन के चिन्तक और नेता, चाहे वे किसी भी राजनीतिक दल से जुड़ें हों; 'दमित' माने जाने लगे। दूसरी ओर, द्रविड़ राजनीतिक दलों ने जाति-व्यवस्था के श्रेणीबद्ध पदक्रम, जातिगत शक्ति के भौतिक आधार और उसके सांस्कृतिक पक्ष, जिनमें विवाह शामिल है; को पीछे धकेल दिया और चुनावी राजनीति में लाभ पाने के लिए विशिष्ट जातियों को आकर्षित करने के प्रयास शुरू कर दिए।

अगर हम पेरियार की राजनीतिक यात्रा और तमिलनाडु की प्रमुख जातियों के जीवन और उनकी नियति में आए ऐतिहासिक परिवर्तनों को एक साथ रखकर देखें, तो हमें यह पता चलेगा कि पेरियार की भारतीय राज्य-विरोधी राजनीति, उनका ब्राह्मण विरोध और त्रुटिपूर्ण संघीय ढाँचे के प्रति उनकी वितृष्णा ने सिर्फ एक ऐसी विचारधारा या योजना को जन्म नहीं दिया, जो जाति के उन्मूलन में सहायक बन सकती थी; यद्यपि उसमें ऐसा करने के लिए आवश्यक विचारधारात्मक उपकरण मौजूद थे। पेरियार द्वारा 1944 में स्थापित 'द्रविड़ कड़गम' ने कुछ मामलों में बहुत प्रभावशाली भूमिका निभाई; जिनमें शामिल था—जातिगत हिंसा के मामलों में अछूतों का साथ देना और अन्तर्जातीय विवाहों को प्रोत्साहन व समर्थन। परन्तु, यह पार्टी एक ऐसा कार्यक्रम नहीं तैयार कर सकी; जिससे उसकी विभिन्न गतिविधियों के समन्वय से कोई योजना बनाई जा सके। इस बीच विकास और चुनावी राजनीति (जिनका संक्षिप्त विवरण हमने तमिलनाडु की चार सबसे वर्चस्वशाली पिछड़ी व अति पिछड़ी जातियों के इतिहास की चर्चा करते हुए दिया है) ने पुराने और स्थानीय जातिगत पदक्रम को नया जीवन दिया; यद्यपि अतिशूद्र इसे लगातार चुनौती देते रहे। इसका अन्तिम परिणाम था—उनके विरुद्ध घृणा, हिंसा और गुस्से का ज्वार।

अब हम पिछड़ी और अति पिछड़ी जातियों पर वापस आएँ। इन जातियों के वे सदस्य, जो 'द्रविड़ कड़गम' के साथ विचारधारा व कार्यक्रम के स्तर पर जुड़े थे; ने स्वतंत्रता के बाद के काल में सार्वजनिक और राजनीतिक मंचों से ब्राह्मणों की सत्ता और जाति-व्यवस्था के खिलाफ

संघर्ष तो किया; परन्तु इसके साथ ही वे अपने रहवास के क्षेत्र, व्यवसाय और हिन्दू-धर्म से अपने रिश्ते से परिभाषित विशिष्ट जातियों के सदस्य भी बने रहे। दलितों के साथ उनके रिश्ते इन दोनों कारकों से प्रभावित थे। कुछ मामलों में ये रिश्ते सकारात्मक थे और कम-से-कम सार्वजनिक रूप से बन्धुत्व भाव पर आधारित थे, तो अन्य मामलों में ये नकारात्मक भी थे; विशेषकर दर्जे, प्रधानता और सार्वजनिक संसाधनों पर अधिकार की प्रतिस्पर्धा के सन्दर्भ में। उदाहरण के लिए अगर हम वन्नियारों की बात करें, तो वे भारतीय राज्य के खिलाफ अपने अभियान या तमिल भाषा को बढ़ावा देने के अपने आन्दोलन और सीमित वर्गीय संघर्षों में दलितों को अपना साथी मानते थे। परन्तु, वे उनसे प्रतिद्वन्द्विता भी रखते थे। वे अपने लिए अधिक आरक्षण चाहते थे और इसके लिए अपने 'पिछड़ेपन' का बखान भी करते थे। श्रेणीबद्ध असमानता के सन्दर्भ में उनकी यह माँग न्यायपूर्ण हो सकती थी। परन्तु, दलितों के खिलाफ हिंसा करने के कारण उनके दावों की विश्वसनीयता सन्दिग्ध हो जाती है।

मुकुल्लाथौरों के मामले में स्थिति दूसरी थी। उन्हें सन् 1950 के दशक, बल्कि उसके पहले से ही; दलितों से चुनौती मिल रही थी और उन्होंने दलितों को हमेशा अपनी आवाज उठाने और स्वाधीन होने के उनके प्रयासों के लिए 'सजा' देने का प्रयास किया। वे राजनीति में दलितों के अपने लिए अलग स्थान बनाने के प्रयासों के भी विरोधी थे। वे डॉ. आंबेडकर या अन्य स्थानीय दलित नेताओं (जैसे कि दलितों की श्रद्धा के पात्र इमेन्यूअल शेखरन, जिन्हें मुकुल्लाथौरों के एक समूह ने जान से मार डाला था) की मूर्तियाँ स्थापित करने के भी विरोधी थे।

गौंडरों ने अपना वर्चस्व स्थापित करने के लिए अलग राह चुनी। इस सिलसिले में डॉ. बालगोपाल की 'प्रान्तीय सम्पत्तिधारी वर्गों' की विवेचना उपयोगी है। उनका तर्क है कि आन्ध्र प्रदेश में ये वर्ग, जिनमें रेड्डी और नायडू शामिल थे; ने क्षेत्रीय स्तर पर और राष्ट्रीय कांग्रेस के विरुद्ध अपना राजनीतिक रसूख और सत्ता कायम करने की कोशिश की। उनके लिए दलितों के विरुद्ध दंडात्मक हिंसा अपनी राजनीतिक शक्ति का प्रदर्शन करने

का आवश्यक हिस्सा थी। यद्यपि, गौंडर कांग्रेस के विरोधी नहीं हैं; परन्तु वे एक ऐसे शक्तिशाली कृषक समुदाय हैं, जिसने उद्योग-धन्धों के जरिये सम्पत्ति अर्जित की और आगे बढ़े। वे अपने सामाजिक वर्चस्व को रेखांकित करने के लिए दलितों के खिलाफ हिंसा और उनका अपमान करते आए हैं।

संक्षेप में तमिलनाडु के मामले में कुछ बातें एकदम साफ हैं। 20वीं सदी की शुरुआत से ही गैर-ब्राह्मणों और दलितों ने ब्राह्मणों की सत्ता को चुनौती देनी शुरू की और विभिन्न उद्देश्यों से एक साथ मिलकर काम किया। परन्तु, उनकी एकता न तो वर्गीय एकता थी और न ही जाति-व्यवस्था के प्रति उनके एक-से दृष्टिकोण से जन्मी थी। यह केवल ब्राह्मणों की सत्ता के खिलाफ क्रोध का प्रकटीकरण था और एक तरह से अवसरवादी राजनीति थी। इसमें कोई सन्देह नहीं कि इन वर्गों ने पेरियार, उनके आत्मसम्मान आन्दोलन और उसके बाद द्रविड़ कड़गम द्वारा वर्ण-धर्म की आलोचना को सुना और कुछ ने उसे आत्मसात् भी किया। उन्होंने आस्था, विशेषकर हिन्दू-धर्म की आलोचना को भी सुना और समझा। दलितों ने इस आलोचना को अन्य की तुलना में अधिक आत्मसात् किया। जातिगत सत्ता के खिलाफ अनेक अभियान चले, जो विशिष्ट माँगों पर केन्द्रित थे; विशेषकर 1920 के दशक से लेकर 1940 के दशक के अन्त तक।

यद्यपि, विचारधारा के स्तर पर जाति का उन्मूलन, ब्राह्मणवादी हिन्दुत्व के विरोध का केन्द्रीय तत्त्व था; तथापि इस विरोध ने जाति के उन्मूलन के लिए किसी विशिष्ट कार्यक्रम का सृजन नहीं किया। किसी दौर में जोर अछूत-प्रथा के उन्मूलन पर रहा, तो अन्य दौरों में आर्थिक असमानता और गैर-ब्राह्मणों के जातिगत गौरव की निन्दा पर। वहीं एक दौर में महिलाओं की स्वाधीनता और आत्मसम्मान केन्द्र में था। सन् 1940 के दशक के बाद से जाति के उन्मूलन को अन्यायपूर्ण संघीय ढाँचे और ब्राह्मण-बनिया आर्य राज्य को चुनौती देने से जोड़ दिया गया और जातिमुक्त द्रविड़नाडु की अवधारणा को प्रस्तुत किया गया। परन्तु, जब जाति विरोधी एजेंडा राष्ट्रवाद के विरोध की वृहद राजनीति का हिस्सा बन गया और पेरियार ने एकात्मक भारतीय राज्य के खिलाफ झंडा उठा लिया, तब द्रविड़ समुदाय, विशेषकर

दलितों और अन्य जातियों के बीच की खाई, तनावों, विरोधाभासों पर पर्याप्त ध्यान नहीं दिया गया।

पेरियार की दृष्टि में आंबेडकर

डॉ. आंबेडकर और पेरियार ने भारत की स्वाधीनता की पूर्व संध्या पर एक-दूसरे से हाथ मिलाया। दोनों ने पाकिस्तान की माँग का समर्थन किया और यह जोर दिया कि भविष्य में उभरने वाली नई राजनीति में दलित और शूद्र समुदायों के अधिकारों के लिए स्थान होना चाहिए। उन्होंने बौद्ध धर्म पर भी आपस में सघन चर्चा की और 1950 के दशक के पूर्वार्द्ध में पेरियार ने आंबेडकर के साथ बर्मा (अब म्यांमार) में आयोजित एक वृहद विश्व बौद्ध सम्मेलन में भी भाग लिया। पेरियार ने हिन्दू कोड बिल के सम्बन्ध में बाबा साहब के विचारों का अध्ययन किया और उनकी प्रशंसा भी की। वे कम्युनल अवार्ड के मुद्दे पर भी आंबेडकर के साथ थे। पेरियार की पत्रिका ने सबसे पहले 1936 में आंबेडकर की पुस्तक 'एनिहिलेशन ऑफ कास्ट' का तमिल अनुवाद प्रकाशित किया। यह इस पुस्तक का पहला अनुवाद था। अन्य भारतीय भाषाओं में इसका अनुवाद काफी बाद में हुआ। सन् 1920 के दशक के उत्तरार्द्ध से ही पेरियार के साथी पत्रकारों ने बाबा साहब के आन्दोलनों पर नजर रखी और उन पर रिपोर्ट्स प्रकाशित कीं; जिनमें आंबेडकर के दृष्टिकोण का समर्थन किया गया और उनकी प्रशंसा की गई।

पेरियार आंबेडकर के संविधान सभा का सदस्य बनने के निर्णय से अप्रसन्न थे। उनका यह मानना था कि अछूत-प्रथा के उन्मूलन को मूल अधिकारों में शामिल करने की अपेक्षा कम महत्त्वपूर्ण लक्ष्य की खातिर आंबेडकर ने जाति के उन्मूलन को मूल अधिकार और संविधान का लक्ष्य वनाने के अधिक महत्त्वपूर्ण कार्य की बलि चढ़ा दी। पेरियार का यह भी मानना था कि आंबेडकर का हिन्दू-धर्म त्यागने का निर्णय एक चतुराई भरी राजनीतिक चाल थी, जिसने कांग्रेस को उनकी कुछ माँगों को मानने पर मजबूर किया। परन्तु, इससे शूद्रों के हित पीछे छूट गए।

नागरिक अधिकारों के मुद्दे पर पेरियार के दिलचस्प और जटिल विचार थे। उनका यह मानना था कि राज्य, प्रथाओं और परम्पराओं को पुनर्परिभाषित कर सकता है और ऐसे कानून बना सकता है, जो किसी व्यक्ति के अपनी आस्थाओं के अनुरूप आचरण करने की स्वतंत्रता को बाधित करते हैं। उनका तर्क था कि इस स्वतंत्रता का उपयोग महिलाओं के खिलाफ हिंसा और अछूत-प्रथा को औचित्यपूर्ण ठहराने के लिए भी किया जा सकता है। अगर पेरियार तमिलनाडु के विधानमंडल के सदस्य बनते, तो शायद जहाँ उनकी प्रशंसा होती, वहीं उन्हें निन्दा का पात्र भी बनना पड़ता। हमें यह नहीं भूलना चाहिए कि सुकरात की तरह पेरियार भी जमीन से जुड़े व्यक्ति थे। जिस तरह अगोरा (प्राचीन यूनान में सार्वजनिक सभाओं व बाजारों आदि के लिए इस्तेमाल किया जाने वाला खुला क्षेत्र) सुकरात को प्रिय था; उसी तरह पेरियार भी विधानमंडलों की बजाय सड़कों पर काम करना अधिक पसन्द करते थे। पेरियार मूलत: राजनीति के विरोधी थे। क्योंकि, उनका कहना था कि वह केवल सीमित लक्ष्यों को प्राप्त करने की कोशिश करती है और स्वतंत्र व तार्किक सोच को बढ़ावा नहीं देती। उनका मानना था कि राजनीति में सक्रियता व्यक्ति को भ्रष्ट बना सकती है और इसलिए उन्होंने राजनीति से हमेशा दूरी बनाकर रखी। वे स्थायी असन्तुष्ट और पक्के समालोचक थे।

गांधी के सत्याग्रह पर पेरियार के विचार

पेरियार ने कई आधारों पर गांधी के विचारों की समालोचना और विवेचना की। उनकी एक पुस्तक का उद्धरण बताता है कि वे गांधी को किस रूप में देखते थे; यथा—'उनकी (गांधी की) धार्मिक वेशभूषा और ईश्वर से जुड़ी, सत्य, अहिंसा, सत्याग्रह, मन की स्वच्छता, आत्मा की शक्ति, त्याग और तपस्या की लगातार बातें करना एक ओर था; दूसरी ओर था—उनके अनुयायियों और अन्यों (जिनमें राष्ट्रवादी और पत्रकार शामिल थे) द्वारा उन्हें ऋषि-मुनि, ईसा मसीह, पैगम्बर, महात्मा...और विष्णु का अवतार बताना। इसके साथ ही गांधी के नाम का इस्तेमाल अवसरवादी, धनी और शिक्षित वर्ग अपने

हितों को साधने के लिए कर रहा है।...इन सबके चलते गांधी एक राजनीतिक तानाशाह बन गए हैं।' (कुदी आरसु, 23.07.33; अनीमुथू 1974: 389-90)

पेरियार गांधी की तुलना एनी बेसेंट से करते थे और कहते थे कि 'गांधी की तरह उन्होंने भी भागवद् गीता के बारे में बातें करके और यह दावा करके कि वे ईश्वर और महात्माओं की संगति में रहती हैं और लोगों के पूर्व के व भविष्य के जन्मों के बारे में जानती हैं; राष्ट्रवादी राजनीति पर अपना प्रभुत्व जमाए रखा। पेरियार का कहना था कि एनी बेसेंट और गांधी जैसे लोगों की लोकप्रियता का राज यह है कि वे अपनी धार्मिक अनुभूतियों का इस्तेमाल अपनी राजनीति के लिए करते हैं और अपनी राजनीति के आसपास रहस्य और धार्मिकता का आभामंडल निर्मित कर देते हैं।' (कुदी आरसु, 23.07.33; अमुथू 1974 : 389-90)

कुछ महीनों बाद एनी बेसेंट की मृत्यु पर 'कुदी आरसु' में प्रकाशित अपने एक लेख में उन्होंने लिखा कि 'कांग्रेस पर बेसेंट के प्रभाव में जब कमी आ रही थी, ठीक उसी समय गांधी रंगमंच पर प्रकट हुए और पार्टी में उनका प्रभाव बढ़ने लगा।' पेरियार का कहना था कि 'गांधी एक तरह से बेसेंट के उचित विकल्प थे; (जबकि अन्यों का मत था कि गांधी ने कांग्रेस को एनी बेसेंट के प्रभाव से मुक्त किया)। पेरियार का मानना था कि एनी बेसेंट की तरह गांधी भी आत्मा-परमात्मा से सम्बन्धित बातों का राजनीति में घालमेल करते थे।' (कुदी आरसु 24.09.33)

पेरियार के लिए गांधीवाद का एक पहेली होने का एक बड़ा कारण था—'सत्याग्रह का आदर्श।' 'सत्याग्रह' शीर्षक से प्रकाशित अपने एक लेख में उन्होंने सत्याग्रह के अर्थ और उसकी प्रासंगिकता पर गहराई से विचार किया। उन्होंने लिखा कि "आत्मसम्मान आन्दोलन शायद 'सत्य का यह युद्ध' न लड़ सकेगा। क्योंकि, जिन लोगों के खिलाफ यह युद्ध लड़ा जाएगा, वे भी 'अपने सत्य' की खातिर आत्मसम्मानियों का विरोध करेंगे।" इसके बाद पेरियार आत्मसम्मान आन्दोलन की प्रकृति और जाति-विरोधी और अछूत-प्रथा विरोधी अभियानों के सन्दर्भ में उसकी उपलब्धियों पर चर्चा करते हैं। उन्होंने लिखा कि 'यह दावा कर कि आत्मसम्मान आन्दोलन एक अवर्णनीय सत्य

पर आधारित है, लोगों को अपनी राय बदलने के लिए मजबूर करने की बजाय इस आन्दोलन ने तर्कों के द्वारा उन्हें राजी करने का रास्ता अपनाया। आन्दोलन के कार्यकर्ता गाँव-गाँव और शहर-शहर गए; बैठकें आयोजित कीं और लोगों से कहा कि वे उनकी बातें सुनें और यदि उन्हें वे ठीक लगें, तो उनका पालन करें।' परन्तु, उन्होंने कभी अपने विचारों का वर्णन और उनकी व्याख्या करने के लिए किसी सन्दर्भ या विशिष्ट मौके का इस्तेमाल नहीं किया। पेरियार का कहना था कि 'सार्वजनिक बहस का यह तरीका कांग्रेस के सार्वजनिक और राजनीतिक अभियान चलाने के तरीके से बहुत भिन्न था। कांग्रेस शक्ति और भावनाओं का प्रदर्शन करने में रुचि रखती थी। वह देश के साम्राज्यवादी शासकों की अवज्ञा कर लोगों को उत्तेजित करना चाहती थी, न कि उन्हें शिक्षित करना।'

पेरियार का यह भी कहना था कि 'कांग्रेस सत्याग्रह को उसके शाब्दिक अर्थ से जोड़ती थी और सत्याग्रह को धर्म, त्याग और ईश्वरीय इच्छा का प्रतीक बताती थी।' ऐसा दावा किया जाता था कि चूँकि सत्याग्रह नैतिक और आध्यात्मिक दृष्टि से सही और श्रेष्ठ है। अत: उसकी सफलता अनिवार्य और अपरिहार्य है; उसकी जीत सुनिश्चित है। सत्याग्रह को विरोध के एक ऐसे आदर्श तरीके के रूप में प्रस्तुत कर, जिसकी सफलता असन्दिग्ध है; कांग्रेस ने लोगों को अपने साथ लिया था। सत्याग्रह को वास्तव में सफलता मिले या नहीं; परन्तु 'सत्य' और अन्य आदर्शों के साथ सत्याग्रह को जोड़कर, कांग्रेस ने सत्याग्रह के आसपास एक आभामंडल का निर्माण कर दिया था, जिसके चलते हजारों साधारण कांग्रेसजन इस परिकल्पना के प्रति आकर्षित हो गए थे। परन्तु, पेरियार का कहना था कि 'यह आवश्यक नहीं है कि जिस चीज के लिए सत्याग्रह किया जाए, वह सत्य ही हो और न ही यह जरूरी है कि जिसकी जीत हो, वह हमेशा सत्य हो।' ऐसा इसलिए, क्योंकि सत्य कभी एक नहीं होता और उसकी कई ढंग से व्याख्या की जा सकती है और उसे कई अलग-अलग कोणों से देखा-समझा जा सकता है। जो मेरे लिए सत्य हो, यह आवश्यक नहीं है कि वह आपके लिए भी सत्य हो। 'सत्य क्या है? असत्य क्या है? वह कौन-सा सत्य है? जिसके लिए हमें सत्याग्रह करना

चाहिए। क्या इन चीजों का परीक्षण करने का कोई तरीका है? जो पंडित मदन मोहन मालवीय को सत्य लगे, यह आवश्यक नहीं है कि वही आत्मसम्मान आन्दोलन के कार्यकर्ताओं का भी सत्य हो।'

पेरियार को गांधीवाद की सत्याग्रह की अवधारणा से जो समस्या थी, वह यह थी कि वह गलत धारणाओं पर आधारित था और उसकी प्रासंगिकता और महत्त्व को मापा नहीं जा सकता था। सिवाय उसकी सफलता के, उसके सही होने का कोई मापदंड नहीं था। दूसरे, अगर सत्याग्रह के सत्य होने के दावे की पड़ताल की जाए, तो हमें यह पता चलेगा कि सत्याग्रह का सत्य मनमाना और सापेक्ष था। तीसरे, (और यह पेरियार की सबसे बड़ी आपत्ति थी) यह पता लगाना असम्भव था कि सत्याग्रह की सफलता के पीछे कहीं यह तथ्य तो नहीं था कि उसके पैरोकार यह दावा कर कि वे 'सत्य' की राह पर चल रहे हैं, अपने विरोधियों को इस बात के लिए मजबूर कर देते थे कि वे उनकी बात मानें। उनका कहना था कि अगर सत्याग्रह सफल था, तो उसका कारण क्या यह था कि सत्याग्रहियों के तर्क और विचार सही थे या फिर यह कि जिनके विरोध में सत्याग्रह किया जाता था, वे सत्याग्रहियों की बात इसलिए मान लेते थे। क्योंकि, उनके पास कोई और रास्ता नहीं बचता था।

पेरियार का कहना था कि चूँकि सत्याग्रह के नैतिक पक्ष को परिभाषित करना मुश्किल था; इसलिए सत्याग्रह की सफलता के लिए जोड़-तोड़, धोखे और झूठ का सहारा लेना आवश्यक हो जाता था।

पेरियार का यह भी कहना था कि 'आत्मसम्मान आन्दोलन का उद्देश्य एक ऐसे समधार्मिक समाज का निर्माण करना है, जहाँ सम्पत्ति पर किसी व्यक्ति विशेष का स्वामित्व नहीं होगा और यह आन्दोलन यह अपेक्षा या आशा नहीं कर सकता था कि सत्याग्रह के जरिये आदि-द्रविड़ों को उस सम्पत्ति या जमीन में हिस्सा मिलेगा, जो धार्मिक संस्थाओं और मन्दिरों के स्वामित्व में है। और न ही सत्याग्रह उन जमींदारों, व्यापारियों और राजाओं के खिलाफ सफलता दिला सकेगा, जो लोगों को अपना गुलाम बनाकर रखना चाहते थे और जो उन्हें केवल इतना देना चाहते थे, जिससे वे जिन्दा रहकर श्रम करते रह सकें। सत्याग्रह जो कर सकता था और जो उसने किया भी, वह

यह है कि उसने आम लोगों को सत्य की ईश्वरीय शक्ति पर विश्वास करने पर मजबूर कर दिया और उनके दिलों में एक झूठी आशा पैदा कर दी कि उनकी जिन्दगी में बेहतरी आएगी।' (कुदी आरसु 6.9.31)

पेरियार के लिए सत्याग्रह वह साधन था, जिसके जरिये गांधीवादी राष्ट्रवाद का विमर्श दुनिया के सामने परोसा गया। सत्याग्रह के आचरण और उसकी अवधारणा की अस्पष्टतः को रेखांकित करते हुए पेरियार ने लिखा कि 'दरअसल वह एक ऐसी राजनीति है, जो अपने सरोकारों को सत्य, देशभक्ति और त्याग जैसे वैश्विक मूल्यों से जोड़ देती है। इस अर्थ में सत्याग्रह केवल राष्ट्रवाद की अभिव्यक्ति बनकर रह गया था और राष्ट्रवाद कोई बहुत अच्छी चीज नहीं है।' (द आइडियल सोसायटी : इमेजिनिंग द्रविड़नाडू, अध्याय-12, टूवर्ड्स ए नॉन ब्राह्मिन मिलेनियम : फ्रॉम अयोथी थास टू पेरियार, साम्य, कोलकाता, 2008)

वामपंथ और द्रविड़ कड़गम

उत्तर भारत की ही तरह तमिलनाडु में भी वर्चस्वशाली, वर्गीय-जातिगत गठबन्धन को उसकी सत्ता से बेदखल तो करना चाहते थे, परन्तु श्रेणीबद्ध असमानता से मुकाबला करने के लिए उनके पास कोई कार्यक्रम नहीं था। वे उस व्यवस्था के खिलाफ संघर्ष करना नहीं चाहते थे, जो डॉ. आंबेडकर के शब्दों में श्रम विभाजन नहीं, बल्कि श्रमिकों का विभाजन थी। निश्चय ही विशिष्ट सन्दर्भों और संघर्षों में प्रेमपूर्ण बन्धुत्व बना। परन्तु, प्रश्न यह है कि क्या इसने नए बन्धुत्ववादी सामाजिक मूल्यों को जन्म दिया? उस तरह की जिन्दगी का निर्माण किया, जिसकी कल्पना डॉ. आंबेडकर और पेरियार ने की थी? सन् 1940 के दशक और 1950 के दशक की शुरुआत में वामपंथियों ने 'द्रविड़ कड़गम' के कुछ घटकों के साथ मिलकर काम किया और जाति आधारित भेदभाव और हिंसा के विरुद्ध संघर्षों का समर्थन किया। उन्होंने खेतिहर मजदूरों के अपने संगठनों और ट्रेड यूनियनों—विशेषकर बागानों, चमड़ा उद्योग और साफ-सफाई से सम्बन्धित श्रमिक संगठनों में दलितों को

बड़ी संख्या में सदस्य बनाया। परन्तु, दलितों के स्वायत्त संगठन भी थे और ट्रेड यूनियनें भी थीं और बहुत कम मौकों पर दलित और वामपंथी संगठनों ने मिलकर काम किया।

स्पष्टत: वामपंथी संगठन अधिक संगठित थे और उनके पास संसाधन भी अधिक थे। उन्हें दलित समूहों से यह सीखना था कि जाति का प्रश्न कितना महत्त्वपूर्ण है और उसे वह महत्त्व देना था, जिसका वह हकदार था। यह दु:खद है कि ऐसा करने की बजाय संसदीय वामपंथियों ने एक या दूसरी द्रविड़ पार्टी के साथ अवसरवादी गठबन्धन बनाकर विधानसभा में अपनी नाममात्र की उपस्थिति सुनिश्चित कर अपनी राजनीति की इतिश्री कर ली।

भारतीय राज्य के प्रति पेरियार की दृष्टि

अगर हम यह मान भी लें कि शुद्ध अवसरवादी कारणों से भारतीय राज्य ने आंबेडकर और फुले को स्वीकार कर भी लिया है, तो भी मूलत: उसने उनकी जयंतियाँ मनाने, उनकी मूर्तियाँ स्थापित करने और उनके बारे में लम्बे-लम्बे और झूठ से भरे भाषण देने के अतिरिक्त क्या किया है? परन्तु पेरियार को तो इतनी स्वीकार्यता भी नहीं मिली। इसका कारण यह है कि पेरियार भारतीय राज्य और राष्ट्र को खारिज करते थे और इस कारण इसके चिन्तकों और शासकों के वे कभी प्रिय पात्र बन ही नहीं सकते थे। इसके अलावा वे लगातार राष्ट्रवाद को राजनीतिक ब्राह्मणवाद से जोड़ते रहे। वे राष्ट्रवाद के प्रखर आलोचक थे। एक अलग द्रविड़ राष्ट्र के निर्माण का उनका अभियान जाति के उनके विरोध और ब्राह्मण-बनिया भारतीय राष्ट्र-राज्य से उनके मोहभंग के कारण था; इसलिए नहीं कि वे द्रविड़ राष्ट्रवाद की किसी रूमानी विचारधारा के प्रति प्रतिबद्ध थे। उनके लिए राज्य की सत्ता के उपकरणों का तब तक कोई उपयोग नहीं था; जब तक कि वे उनके विचारों और राजनीतिक सोच को आगे बढ़ाने में मदद न करते हों। उनके लिए उनकी सोच ही सबसे महत्त्वपूर्ण थी।

इसके अलावा आंबेडकर के विपरीत उनके साथ समाज का कोई ऐसा विशिष्ट तबका नहीं था, जिसे आकर्षित कर कोई राजनीतिक साध्य हासिल

किया जा सके। नि:सन्देह बहुत-से लोग उन पर श्रद्धा करते थे; उनसे प्रेम करते थे; उनके विरोधी थे और उन्हें बुरा-भला भी कहते थे। परन्तु, उनके अनुयायियों की कोई विशिष्ट राजनीतिक पहचान नहीं थी। उनके अनुयायियों में राष्ट्रवादी, उदारवादी, दलित, गैर-ब्राह्मण, साम्यवादी, अराजकतावादी, स्त्रीवादी व समाज के सभी तबकों के लोग शामिल थे। इसलिए, राज्य के पास ऐसा कोई कारण नहीं था कि वह उन्हें 'पालतू' बनाए या प्रसन्न करे। राज्य ने तो उनके लेखन का संकलन करना भी उचित नहीं समझा और न ही उनके लेखन के प्रकाशन या प्रचार में कोई रुचि दिखाई।

उनकी नास्तिकता, उनका स्त्रीवाद, उनकी स्वतंत्र सोच—इन सबने उन्हें एक स्थायी असन्तुष्ट बना दिया था। एक ऐसा व्यक्ति, जो कुछ लोगों को बहुत भला लग सकता था; तो अन्यों को असहज बनाने में सक्षम था।

(विद्याभूषण रावत द्वारा किए गए वी. गीता व एस.वी. राजादुरै के साक्षात्कार पर आधारित, अंग्रेजी से अनुवाद : अमरीश हरदेनिया)

आंबेडकर और पेरियार की बौद्धिक मैत्री

वी. गीता

भारत में जाति विरोधी आन्दोलनों का इतिहास अत्यंत जटिल और विविधवर्णी रहा है। इसके विभिन्न प्रतिपादकों के बीच बौद्धिक समानताएँ और विभिन्नताएँ दोनों रही हैं। इस सन्दर्भ में बाबासाहेब आंबेडकर और ईव्ही रामासामी पेरियार की बौद्धिक मैत्री, न केवल तर्कसंगत थी वरन् वह काफी लम्बे समय तक चली। सन् 1920 के दशक के उत्तरार्ध से, पेरियार के आत्माभिमान आन्दोलन (जो 1925 में शुरू हुआ था), ने आंबेडकर के कार्यों के प्रति अपने प्रशंसा भाव को अभिव्यक्त करना शुरू कर दिया था। महाड़ में दिसम्बर 1927 में मनुस्मृति दहन के पूर्व, उसी वर्ष, मद्रास में आदि द्रविड़ नेता एमसी राजा और आत्माभिमान आन्दोलन के एक प्रमुख व्यक्तित्व जेएस कन्नपार ने इस ग्रंथ को अग्नि के हवाले किया था (कुदीअरासू (केए), 30.10.27 व 11.12.27)। सन् 1929 में पेरियार ने जलगाँव डिप्रेस्ड क्लासिस कांफ्रेस के लिए अपनी शुभकामनाएँ प्रेषित कीं और उनके साप्ताहिक 'कुदीअरासू' ने बांबे प्रेसिडेंसी में आत्माभिमान आन्दोलन के उदय का स्वागत किया (केए, 16.06.1929)। आत्माभिमान आन्दोलन द्वारा प्रकाशित एकमात्र अंग्रेजी साप्ताहिक 'रिवोल्ट' में समता समाज दल (साप्ताहिक में समता सैनिक दल को इसी नाम से सम्बोधित

किया गया है) के सम्मेलनों पर विस्तृत रपटें प्रकाशित हुईं और इनमें कम से कम दो मौकों पर आंबेडकर के भाषणों की ओर ध्यान आकर्षित किया गया ('रिवोल्ट', 23 जून 1929 और 29 सितम्बर, 1929)। बाबासाहेब के विचारों से 'रिवोल्ट' के सम्पादक एस. गुरूस्वामी इतने प्रभावित हुए कि उन्होंने लिखा कि अगर उन्हें भारत का वायसराय बना दिया जाए तो वे आंबेडकर को विधि मंत्री बनाएँगे (पुडुवई मुरूआसू, 7.12.32)।

आंबेडकर के प्रति एकजुटता का यह प्रदर्शन, गोलमेज सम्मेलनों के समय अपने चरम पर था और उस समय भी, जब देश का जनमत दलितों के लिए पृथक मताधिकार की आंबेडकर की माँग के विरुद्ध था। कुदीअरासु में गुस्से से भरे और तीखे लेखों की एक श्रृंखला प्रकाशित की गई, जिसमें गांधी के इस दावे पर प्रश्नचिन्ह लगाया गया कि केवल वे ही अछूतों के हितों का प्रतिनिधित्व करते हैं (केए, 18.10.1931; 25.10.1931)। आत्माभिमानियों ने सार्वजनिक सभाएँ आयोजित कर पृथक मताधिकार के सम्बन्ध में आंबेडकर के विचारों का समर्थन और मुंजे-राजा समझौते का विरोध किया (केए, 29.05.1932)। जब गांधी ने अपने प्रसिद्ध अनशन की घोषणा की, तब कुदीअरासू ने उनकी इस रणनीति की कटु आलोचना की (केए, 18.9.32)। आत्माभिमान आन्दोलन और पेरियार, मन्दिरों में प्रवेश सम्बन्धी कानून के सन्दर्भ में राष्ट्रवादियों के असमंजस और अपने असली इरादों को छुपाने के उनके प्रयास को आंबेडकर की तरह साफ समझ पा रहे थे। आने वाले वर्षों में भी आंबेडकर के प्रति उनका प्रशंसा भाव और समर्थन जारी रहा। कुदीअरासू ने (14.7.1936 से) कई सप्ताहों तक आंबेडकर के 'एनीहिलेशन ऑफ़ कास्ट' का तमिल अनुवाद प्रकाशित किया। बाद में इन लेखों को संकलित किया गया और सन् 1937 में इन्हें एक पुस्तक के रूप में प्रकाशित किया गया।

महाड़ सत्याग्रह के एलेनोर जेलिएट के विवरण से यह स्पष्ट है कि आंबेडकर, भारत के दक्षिण के घटनाक्रम में गहरी दिलचस्पी रखते थे, विशेषकर वेकाम मन्दिर सत्याग्रह, जिसे शुरुआत में गांधी का समर्थन प्राप्त था, के बाद से (जेलिएट, 2013: 77-78)। पेरियार ने वेकाम आन्दोलन में

महत्वपूर्ण भूमिका अदा की थी, यद्यपि यह स्पष्ट नहीं है कि अंग्रेजी प्रेस ने उनकी भूमिका को रेखांकित किया था अथवा नहीं। महाराष्ट्र के क्रांतिकारी आंबेडकर के लिए दक्षिण का यह घटनाक्रम बहुत दूर नहीं था। महाड़ के लम्बे संघर्ष के दौरान आंबेडकर ने मद्रास उच्च न्यायालय के एक निर्णय की प्रशंसा की, जिसमें अदालत ने आदि द्रविड़ों के मन्दिरों में प्रवेश सम्बन्धी एक निर्णय को पलट दिया था (आनन्द तेलतुम्ड़े, 2016 में 6 मई 1927 के 'बहिष्कृत भारत' से उद्धृत)। आंबेडकर, मद्रास के दमित वर्गों के नेताओं के निकट संपर्क में थे। यह रेतईमलई श्रीनिवासन के साथ उनके रिश्तों और एमसी राजा से उनकी हंगामी भिड़ंत से जाहिर है। वे जस्टिस पार्टी के नेता, मद्रास के मेयर और आत्माभिमान आन्दोलन के मंचों के एक प्रमुख वक्ता एन. शिवराज के भी काफी करीब थे। इसी रिश्ते के चलते सन् 1940 के दशक में शेड्यूल्ड कास्टस फेडरेशन की स्थापना हुई।

पेरियार से आंबेडकर की पहली मुलाकात सन् 1940 में हुई, जिसमें दोनों ने स्वतंत्र भारत में दलितों और गैर-ब्राह्मण (शूद्र) जातियों के राजनैतिक भविष्य पर चर्चा की। मद्रास की सन् 1944 की अपनी यात्रा के दौरान, आंबेडकर ने शहर में पाँच बैठकों को सम्बोधित किया (बाबासाहब डॉ. आंबेडकर : राइटिंग्स एंड स्पीचिज (बीएडब्लूएस), खण्ड 17, भाग 3, 2003: 314-338)। आंबेडकर की पेरियार से अगली मुलाकात तब हुई जब पेरियार द्रविड़र कषगम का गठन कर चुके थे और उन्होंने यह घोषणा कर दी थी कि 'द्रविड़ों' ने भारत से अलग होकर अलग जाति-मुक्त द्रविड़स्तान गठित करने का निर्णय लिया है और इस नए देश का सम्बन्ध ब्रिटिश भारत की सरकार की बजाय सीधे इंग्लैंड की सरकार से होगा (केए, 2.9.44)। कुदीअरासु में यह खबर छपी कि आंबेडकर भी द्रविड़स्तान के गठन के विरोधी नहीं हैं, बशर्ते उनका क्षेत्र और उनके लोग भी इसका हिस्सा हों! अगले कुछ महीनों में, कुदीअरासू ने कई मुददों पर आंबेडकर के विचारों के सन्दर्भ में लिखा। इनमें शामिल था पाकिस्तान, पृथक मताधिकार और तथाकथित अछूतों का गैर-हिन्दू होना (केए, 30.9.1944, 16.12.1944, 6.1.1945 और 13.1.1945.)।

पेरियार को आशंका थी कि आंबेडकर की शेड्यूल्ड कास्ट फेडरेशन को सन् 1946 के चुनाव में भाग लेने से कोई लाभ नहीं होगा क्योंकि वातावरण कांग्रेस के पक्ष में था (केए, 27.9.1945)। तत्पश्चात, संविधानसभा की बहसों के बारे में लिखते हुए पेरियार ने कहा कि आंबेडकर ने इस विधायी कार्य में अपनी ऊर्जा व्यर्थ ही व्यय की, क्योंकि अपने तमाम प्रयासों के बावजूद वे केवल अछूत प्रथा का 'उन्मूलन' करा सके और जाति प्रथा पर न तो कोई प्रश्नचिह्न लगा सके और ना ही उसे मूलाधिकारों को पाने की राह में बाधक सिद्ध कर सके (विदुथलाई, 7.2.1951)। बाद में उन्होंने जीने के एक तरीके के रूप में बौद्ध धर्म को स्थापित करने के आंबेडकर के प्रयासों और बौद्ध धर्म को उन दलितों के लिए एक विकल्प के रूप में प्रस्तुत करने, जो हिन्दू धर्म को त्यागना चाहते थे, की प्रशंसा की। सन् 1950 के दशक में जब पेरियार की द्रविड़र कषगम ने 'द्रविड़' कृषकों का संगठन गठित किया, तब उसके प्रथम सम्मेलन की अध्यक्षता करने के लिए आंबेडकर को आमंत्रित किया गया। बीमार होने के कारण आंबेडकर सम्मेलन में हिस्सा नहीं ले सके और उन्होंने अपनी ओर से पी. राजभोज को मद्रास भेजा (द्रविड़र कषगम कार्यकर्ता एसएस बाशा का साक्षात्कार)।

ऊपर मैंने जो कुछ भी लिखा है, वह पेरियार के लेखन और आत्माभिमान आन्दोलन व द्रविड़ कषगम के प्रकाशनों पर आधारित है। यह संभव है कि इस बारे में अधिक विस्तृत जानकारी, शेड्यूल्ड कास्ट फेडरेशन द्वारा मद्रास से प्रकाशित 'जय भीम' में उपलब्ध हो। इस विषय में और अधिक शोध से पेरियार और आंबेडकर के परस्पर रिश्तों, इसके परिणामों और उनके आपसी मतभेदों पर अधिक प्रकाश पड़ सकेगा।

बौद्धिक मेल और मतभेद

भीमराव आंबेडकर और रामासामी पेरियार, दोनों, जीवनपर्यन्त उस आस्था के विरोधी रहे, जिसे हिन्दू धर्म कहा जाता है। दोनों का यह मानना था कि वह ऐसी कोई चीज नहीं है जो स्थायी और एकसार हो और जिसे समझा

जा सके। आंबेडकर ने इस सन्दर्भ में दो महत्वपूर्ण लेख लिखे। 'एनीहिलेशन ऑफ़ कास्ट' और 'द हिन्दू सोशल आर्डर'। इसमें से दूसरा लेख, 'इंडिया एंड द प्रीरिक्यूजिस्टस ऑफ़ कम्यूनिज्म' का पहला अध्याय था। इस पुस्तक का लेखन आंबेडकर पूरा नहीं कर सके। इन दोनों लेखों और आंबेडकर के अन्य लेखों में भी हिन्दू धर्म के जिस पक्ष की सबसे कटु आलोचना की गई है, वह है हिन्दू आस्थाओं और उसके धर्मग्रंथों में असमानता को पवित्र दर्जा दिया जाना।

हिन्दू शायद दुनिया में एकमात्र ऐसे लोग हैं, जिनकी सामाजिक व्यवस्था—एक मनुष्य के दूसरे मनुष्य के साथ रिश्ते—को धर्म द्वारा पवित्र दर्जा दिया गया है और उसे अनंत व अखंड बना दिया गया है। हिन्दू शायद दुनिया में एकमात्र ऐसे लोग हैं, जिनकी आर्थिक व्यवस्था—एक श्रमिक के दूसरे श्रमिक के साथ रिश्ते—को धर्म द्वारा पवित्र दर्जा दिया गया है और उसे अनंत व अखंड बना दिया गया है।

इसलिए यह कहना काफी नहीं है कि हिन्दू ऐसे लोग हैं, जिनकी पवित्र धार्मिक संहिता है। वह तो पारसियों, यहूदियों, ईसाईयों और मुसलमानों की भी है। इन सबकी पवित्र संहिताएँ हैं। परन्तु इनमें से कोई भी सामाजिक ढाँचे के किसी विशिष्ट स्वरूप की स्थापना की आज्ञा नहीं देतीं और ना ही उसे पवित्र दर्जा देती हैं। वे मनुष्य और मनुष्य के बीच के रिश्ते को कोई मूर्त आकार नहीं देतीं और ना ही उसे पवित्र और अखंड बनाती हैं। इस मामले में हिन्दू निराले हैं (बीएडब्लूएस, खण्ड 3, 1987 :128-129)।

पेरियार की हिन्दू धर्म की समालोचना, कई विभिन्न ग्रंथों और प्रकाशनों में बिखरी हुई है। उन्होंने धार्मिक ग्रंथों, अनुष्ठानों, सिद्धांतों, अंधविश्वासों, समाज में ब्राह्मण पुरोहितों और धर्मनिरपेक्ष ब्राह्मणों की भूमिका, तथाकथित अछूतों और महिलाओं के दमन और जाति व्यवस्था में तार्किकता और मानवीय गरिमा के अभाव के अपने समालोचनात्मक अनुसंधान के आधार पर हिन्दू धर्म की जो आलोचना की उसे उनके इन शब्दों में समझा जा सकता है :

यद्यपि मैंने लगातार जाति के उन्मूलन के लिए प्रयास किया है परन्तु इस देश में इसके लिए ईश्वर, धर्म, शास्त्रों और ब्राह्मणों का उन्मूलन भी

आवश्यक है। जाति तभी समाप्त होगी जब ये चारों समाप्त होंगे। अगर इनमें से एक भी बचा रहेगा तो जाति पूरी तरह से समाप्त नहीं हो सकती। क्योंकि जाति का निर्माण इन्हीं चारों से हुआ है। जब मनुष्य को गुलाम और मूर्ख बना दिया गया, उसके बाद ही जाति को समाज पर थोपा गया। हम जाति का उन्मूलन तब तक नहीं कर सकते जब तक लोगों में स्वतंत्रता और ज्ञान की पिपासा न पैदा कर दी जाए। ईश्वर, धर्म, शास्त्र और ब्राह्मण, समाज में गुलामी और अज्ञानता की उत्पत्ति और वृद्धि के लिए जिम्मेदार हैं और वे जाति को मजबूती देते हैं (पेरियार : 93वाँ जन्मदिन स्मारिका 17.9.1971)।

पेरियार और आंबेडकर दोनों इस बात पर जोर देते थे कि हिन्दू धर्म और जाति अविभाज्य हैं और दोनों को ब्राह्मणवादी विशेषाधिकारों और बौद्धिक आधिपत्य से अलग नहीं किया जा सकता। आंबेडकर ने जात-पाँत तोड़क मंडल से आह्वान किया कि यदि उसे ऐसा लगता है कि वह अपनी 'वैदिक आस्था' में सुधार ला सकता है तो उसे अपनी आस्था को स्वतंत्रता, समानता और बंधुत्व के मूल्यों के अनुरूप बनाना चाहिए। यह सुझाव यह जानते हुए भी दिया गया कि ऐसा करना असंभव है क्योंकि अगर हिन्दू धर्म में इस तरह का परिवर्तन किया गया तो वह हिन्दू धर्म ही नहीं रह जाएगा (एनीहिलेशन ऑफ़ कास्ट, खण्ड 13-14, बीएडब्लूएस खण्ड 1, 1979, 69-78)। पेरियार को कतई यह भ्रम नहीं था कि हिन्दू धर्म के भीतर रहते हुए कुछ भी हासिल किया जा सकता है। उन्हें उन लोगों से सहानुभूति थी जो धर्मनिष्ठ हिन्दू रहते हुए अछूत प्रथा के उन्मूलन का प्रयास कर रहे थे। परन्तु उन्हें सन्देह था कि इस बारे में उनकी नीयत नेक है। शुरुआत में गांधी के प्रति उनके स्नेह और गांधी के विचारों के उनके समर्थन के बाद भी, पेरियार, गांधी के इस आग्रह के कटु निंदक थे कि अछूत प्रथा को वर्णधर्म से अलग कर देखा जा सकता है और यह कि जहाँ वर्ण धर्म केवल व्यक्तियों के कर्तव्यों का संकलन था वहीं अछूत प्रथा एक विशुद्ध बुराई है (केए, 7.8.1927)।

दोनों ही नेता, शूद्रों और दलितों द्वारा, उन धार्मिक अधिकारों की माँग, जिनसे उन्हें वंचित रखा गया था, को मूलतः नागरिक अधिकारों पर दावा जताना मानते थे और उनकी यह स्पष्ट मान्यता थी कि इसके लिए शूद्रों और

दलितों के लिए हिन्दू धर्म से जुड़ना आवश्यक नहीं है। मन्दिर प्रवेश के मुद्दे पर बवाल के सम्बन्ध में आंबेडकर का कहना था :

किसी अछूत को उस जगह प्रवेश पाने के लिए भीख माँगने की क्या जरूरत है, जहाँ से उसे हिन्दुओं ने अपने अहंकार के चलते बहिष्कृत कर रखा है? दमित वर्ग के एक ऐसे व्यक्ति, जो अपनी भौतिक प्रगति चाहता है, की ओर से मैं इस प्रश्न का उत्तर देता हूँ। वह हिन्दुओं से यह कहने को तैयार है कि "तुम अपने मन्दिरों के द्वार मेरे लिए खोलने को तैयार हो या नहीं, यह तुम्हें तय करना है। इस मुद्दे पर मैं कोई आन्दोलन नहीं करना चाहता। अगर तुम्हें लगता है कि मनुष्य का सम्मान न करना असभ्यता है तो उठो और मन्दिरों के दरवाजे हमारे लिए खोल कर सज्जन पुरुष बनो। अगर तुम सज्जन के बजाय केवल हिन्दू बने रहना चाहते हो, तो दरवाजे बंद रखो और चूल्हे में जाओ। मुझे अन्दर आने की कोई इच्छा नहीं है।" (बीएडब्ल्यूए, खंड 17, भाग 1, 2003 : 198-99)।

पेरियार के भी मन्दिर प्रवेश के विषय में यही विचार थे। वे इसे सार्वजनिक स्थानों में प्रवेश के अधिकार का मुद्दा मानते थे—एक ऐसे सार्वजनिक स्थान में जिसका निर्माण शूद्रों और पंचमों के श्रम से हुआ था। वे कहते थे कि वे इस अधिकार के लिए लड़ रहे हैं न कि मन्दिरों में प्रवेश कर धर्मनिष्ठ हिन्दू बनने के अधिकार के लिए (केए, 22.1.1932, 20.10.1932, 20.11.32)।

शूद्र और अछूत

जाति व्यवस्था पर विचार करते हुए, आंबेडकर ने उसे 'श्रेणीबद्ध असमानता' के एक ऐसे ढाँचे के रूप में परिभाषित किया, जो श्रद्धा या सम्मान के बढ़ते हुए क्रम और अपमान और घृणा के घटते हुए क्रम पर आधारित है। वे तथाकथित गैर-ब्राह्मण 'शूद्र' जातियों की स्थिति के बारे में विशेष रूप से संवेदनशील थे क्योंकि इन जातियों को न तो द्विजों का सम्मान हासिल था और ना ही वे यह मान सकती थीं कि जाति के विरुद्ध लड़ने से वे कुछ नहीं

खोएँगी। वे द्विजों के बराबर शक्तिशाली नहीं थीं परन्तु वे अछूतों की तरह जाति व्यवस्था से बहिष्कृत भी नहीं थीं। अपनी महत्वपूर्ण पुस्तक 'हू वर द शूद्राज?' (और 'रेविल्यूशन एंड काउंटर रेविल्यूशन इन एनशिएंट इंडिया' में भी) आंबेडकर ने यह प्रतिपादित किया कि शूद्र जातियों को जानते-बूझते निम्न और अपवित्र दर्जा दिया गया था क्योंकि उनमें से कुछ ने द्विजों को चुनौती देने का दुस्साहस किया था। उनकी सामाजिक स्थिति में यह गिरावट तब आई जब वर्ण व्यवस्था, जटिल जाति व्यवस्था में बदली (बीएडब्लूएस, खण्ड 7, 1990 : 9-12)। एक अन्य स्थान पर उन्होंने लिखा कि यद्यपि शूद्र भी श्रमिक हैं, तथापि उन्हें अछूतों के विपरीत, वर्ण व्यवस्था का हिस्सा माना जाता है। अछूतों को वर्ण व्यवस्था से बाहर रखा गया है। इस तरह, द्विजों के हाथों शूद्रों को जो दमन और प्रताड़ना भुगतनी पड़ती है, उसकी तुलना, उस शोषण और दमन से नहीं की जा सकती, जो वर्ण-जाति व्यवस्था में शामिल सभी वर्गों के हाथों अछूतों को भोगनी होती है (बीएडब्लूएस खण्ड 5, 1989: 164-169)।

पेरियार के विचार भी इससे कोई अलग नहीं थे। वे कहते हैं कि हम सब अपने अन्दर अपनी-अपनी जाति का श्रेष्ठता भाव लिए रहते हैं, मानों हम एक लम्बी सीढ़ी के किसी एक पायदान पर खड़े हों, जो हमारे दर्जे का निर्धारण करता हो (केए 12.4.1931)। वे इस बात पर आपत्ति करते हैं कि गैर-ब्राह्मण, दलितों के प्रति मैत्री भाव नहीं रखना चाहते और उन्हें चेतावनी देते हैं कि यदि वे ब्राह्मणों की निरंकुशता का विरोध करते हुए अछूत प्रथा पर विचार नहीं करेंगे, तो उनकी मुक्ति अधूरी रहेगी (केए 13.5.1928)। गैर-ब्राह्मणों के इस अप्रजातांत्रिक दृष्टिकोण पर उन्हें झिड़कते हुए वे कहते हैं कि वे यह तो समझ सकते हैं कि ब्राह्मण, जाति व्यवस्था या अछूत प्रथा का खात्मा नहीं चाहते। परन्तु वे यह नहीं समझ पा रहे हैं कि गैर-ब्राह्मण भी जाति व्यवस्था के पोषक क्यों बने हुए हैं (केए 30.11.1930)। दूसरी ओर, वे जाति व्यवस्था की मूल कुटिलता से अच्छी तरह वाकिफ थे। यह व्यवस्था ब्राह्मणों को उच्च दर्जा देती थी और तमिल व्यवसायी जातियाँ जैसे चैट्यिारों की अथाह संपदा और गैर-ब्राह्मण संगीतकारों की प्रतिभा भी उन्हें ब्राह्मणों

की नजरों में उनके बराबर नहीं बना सकती थी। ब्राह्मण हमेशा स्वयं को सबसे अलग, विशिष्ट और उच्च मानते थे (केए, 25.3.1944, 20.4.1930)।

परन्तु शूद्रों की जाति व्यवस्था में इस स्थिति का राजनीति में अर्थपूर्ण उपयोग करने के सम्बन्ध में, बाबासाहब और पेरियार की रणनीतियों में महत्वपूर्ण अन्तर थे। पेरियार, ग्रामसी के शब्दों में, गैर-ब्राह्मण ब्लाक बनाना चाहते थे, जिसमें शूद्र और दलित दोनों शामिल होते और जो राष्ट्रवाद और कांग्रेस, विशेषकर उसकी उच्च जाति के ब्राह्मण-बनिया नेतृत्व, के आकर्षण का मुकाबला कर पाता। उनकी कल्पना यह थी कि इस तरह के ब्लाक के अन्दर खुला सामाजिक अन्तर्व्यवहार होगा और वैवाहिक सम्बन्ध भी स्थापित हो सकेंगे। ये वैवाहिक सम्बन्ध, जाति की सीमाओं से ऊपर उठकर होंगे। वे जाति प्रथा के अर्थशास्त्र से अच्छी तरह परिचित थे और यह जानते थे कि वह किस तरह श्रम का अवमूल्यन करती है और शूद्रों और दलितों के सभ्यता का निर्माण करने के कौशल और उसमें उनकी भूमिका को कम करके आँकती है। वे यह भी जानते थे कि किस तरह, जाति व्यवस्था के कारण, निचली जातियों की सार्वजनिक संसाधनों तक पहुँच बाधित होती है और उन्हें शिक्षा, विभिन्न क्षेत्रों में रोजगार और शासनतंत्र में अपेक्षित स्थान नहीं मिलता। परन्तु वे दलितों और शूद्रों के परस्पर रिश्तों की संकल्पना, आर्थिक सन्दर्भों में नहीं करते थे। उनकी यह मान्यता थी कि शूद्रों में जाति की भावना इसलिए बनी हुई है क्योंकि वह उनकी चेतना का हिस्सा बन गई है और वे उसे बदलना नहीं चाहते।

दूसरी ओर, आंबेडकर, शूद्रों और दलितों की दुनिया के बीच की भौतिक विभिन्नताओं के प्रति सचेत थे। कई मौकों पर उन्होंने यह बताया कि किस तरह, सामाजिक बहिष्कार के हथियार का उपयोग, दलितों को आर्थिक दृष्टि से ऊँची जातियों पर निर्भर बनाने और उनका दमन करने के लिए किया जाता है। वे शूद्रों की प्रजातांत्रिक महत्वाकांक्षाओं को समझते थे और उनका समर्थन भी करते थे परन्तु वे इस तथ्य से भी वाकिफ थे कि उनमें से कुछ आर्थिक दृष्टि से शक्तिशाली हैं। उन्होंने शूद्रों से साफ कहा कि अगर वे अपने दमित बंधुओं, जिनमें गरीब गैर-ब्राह्मण और दलित

दोनों शामिल हैं, के कष्टों की उपेक्षा करेंगे तो वे सच्चे प्रजातांत्रिक नहीं बन सकते। यह बात उन्होंने मद्रास के गैर-ब्राह्मणों की एक सभा में भी कही। यह सभा उन गैर-ब्राह्मणों की ओर से बुलाई गई थी, जो पेरियार के विरोधी थे (बीएडब्लूएस खण्ड 17, भाग 3, 319-320)। उन्होंने कोंकण क्षेत्र के उन गैर-ब्राह्मण काश्तकारों का साथ दिया, जो शक्तिशाली खोतों का प्रतिरोध कर रहे थे। खोत किसानों और खेतिहर श्रमिकों व राज्य के बीच मध्यस्थ का काम करते थे (संतोष सुरडकर, 2013)। उन्होंने काश्तकारों (जिनमें से अधिकांश शूद्र जातियों के थे) की बेदखली से रक्षा की वकालत की और यह कहा कि उनके पट्टे की अवधि निश्चित की जानी चाहिए (बीएडब्लूएस, खण्ड 15, 1997: 958-960)। भूमि के सामूहिकीकरण की उनकी मांग, जो तब भी आदर्शवादी प्रतीत होती थी और आज भी ऐसी ही प्रतीत होती है, का उद्‌देश्य भी कृषि की जटिल जाति-आधारित अर्थव्यवस्था को तोड़ना था।

महिलाओं का प्रश्न

जाति व्यवस्था से जुड़े एक महत्वपूर्ण मुद्‌दा, जिस पर आंबेडकर और पेरियार एकमत थे, था महिलाओं का प्रश्न। जाति व्यवस्था को कायम रखने में महिलाओं की भूमिका के बारे में आंबेडकर ने अपने विचार सबसे पहले विद्यार्थियों की एक विचारगोष्ठी में व्यक्त किए, जो बाद में 'कास्टस इन इंडिया' शीर्षक से प्रकाशित हुए। सन् 1940 के दशक में लिखी गई अपनी पुस्तक 'रेवोल्यूशन एंड काउंटर रेवोल्यूशन इन एनशिएंट इंडिया' में वे इसी विषय पर वापस आए। उन्होंने धर्मशास्त्रों, विशेषकर मनुस्मृति, में महिलाओं, और विशेषकर द्विज समुदाय की महिलाओं, पर लगाए गए प्रतिबंधों की चर्चा की। उन्होंने बताया कि किस तरह ये ग्रंथ, महिलाओं के जीवन का नियंत्रण और नियमन करने के सूत्रों का निर्धारण करते हैं। विवाह और संतानोत्पत्ति के सम्बन्ध में महिलाओं पर कई तरह के प्रतिबंध लादे जाते हैं और इसके लिए धमकियों और हिंसा के साथ-साथ, निःसंतान और विधवा महिलाओं को अपमानजनक परिस्थितियों में रहने के लिए

बाध्य करने की व्यवस्था भी शामिल है। उनका कहना था कि ये धर्मग्रंथ, ऐसी परिपाटियों और व्यवहार को औचित्यपूर्ण ठहराते हैं जिनसे बहिर्विवाह कायम रहे, महिलाओं की चुनने की स्वतंत्रता सीमित हो और सामाजिक व यौन सम्बन्धों में विभिन्न जातियों का मिलन न हो सके (बीएडब्लूएस, खण्ड 3, 1987: 293-295)। उनका यह तर्क था कि 'अतिशेष' महिलाओं के 'व्यवस्थापन' के क्रूर तरीके से महिलाओं पर नियंत्रण स्थापित किया गया और ब्राह्मणवाद की बौद्ध धर्म पर विजय का यह एक महत्वपूर्ण कारक था (उपरोक्त, 296-301)। उन्होंने यह भी कहा कि मातृ-सवर्ण की संस्था, जिसे मनुस्मृति द्वारा परिभाषित किया गया है, के चलते, द्विज पुरुष के लिए अन्य जातियों की महिलाओं के शरीर का उपभोग करते हुए भी, उनके मिलन से उत्पन्न संतानों को उनकी माताओं की नीची जातियों में शामिल रखना संभव हो सका (उपरोक्त, 308-310)।

पेरियार ने महिलाओं के प्रश्न पर एक दूसरे कोण से विचार किया। उनका कहना था कि महिलाओं को उनके अधिकारों से वंचित रखे जाने की जड़ में विवाह, मातृत्व और परिवार की यौन राजनीति है। जाति प्रथा के मूल के रूप में परिवार, स्नेह और नियंत्रण दोनों का केन्द्र है। परिवार ही वह स्थान है जहाँ महिलाओं (और पुरुषों के भी) के सामाजिक व्यक्तित्व का विकास होता है। पेरियार का कहना था कि पुरुषत्व और स्त्रीत्व हमारी बनाई हुई अवधारणाएँ हैं और हमें जो प्रत्यक्ष तौर पर दिख रहा है, उससे आगे बढ़कर हमें यह समझना चाहिए कि अधिकांश मानवीय गुण महिलाओं और पुरुषों दोनों में होते हैं और जो चीज़ महिलाओं को पुरुषों से अलग करती है वह है उनकी मनुष्य को जन्म देने और उसे जीवित रखने की क्षमता। इसके बाद भी, महिलाओं को नीचा और कमज़ोर समझा गया और उन्हें केवल परिवार तक सीमित कर दिया गया। उनके हिस्से केवल घर के उबाऊ और थकाने वाले काम आए, जिससे उनके मस्तिष्क और चेतना अविकसित रह गए और वे ऐसे मूल्यों की गुलाम बन गईं, जो उन्हें निचला दर्जा देते थे। महिलाओं को सुन्दरता और सतीत्व से जोड़ा जाने लगा और उनकी भूमिका को आदर्श पत्नी और आदर्श माँ होने तक सीमित कर दिया गया। धर्म और

रीति-रिवाजों ने उन्हें इस गुलामी में ढकेला और वे अपने जीवन की मालिक नहीं रह गईं। परन्तु, चूँकि ज्ञान और विवेक महिलाओं को भी उसी तरह और उतना ही उपलब्ध है, जितना कि पुरुषों को, अत: महिलाएँ अपने प्रयासों से और स्वयं की इच्छा से खुद को मुक्त कर सकती हैं (वी. गीता एवं एसवी राजादुरई, 2008: 369-375; 382-389)।

आंबेडकर का मानना था कि विधवा पुनर्विवाह, बाल विवाह और सहमति की आयु में वृद्ध जैसे सुधारों का सम्बन्ध हिन्दू परिवारों से है। ये सुधार महत्वपूर्ण हैं परन्तु इनका सम्बन्ध हिन्दू समाज में सुधार से नहीं है। उनका कहना था कि हिन्दू समाज में सुधार, महिलाओं की स्वतंत्रता और उनकी समानता के लिए पूर्व शर्त है। पेरियार का मानना था कि महिलाओं की स्थिति में सुधार तब तक नहीं लाया जा सकता, जब तक कि उनकी बुद्धि और उनकी चेतना में क्रांतिकारी परिवर्तन न ला दिया जाए और उन्हें धर्म और आस्था के झूठे विचारों से छुटकारा न दिलवा दिया जाए। उनका यह तर्क था कि धर्म के बंधनों से मुक्त महिलाएँ, परिवार को बदलेंगी और इस तरह समाज में बदलाव आएगा और जाति व्यवस्था टूटेगी।

बुद्ध धर्म और द्रविड़स्तान

आंबेडकर और पेरियार, दोनों, राष्ट्रवादियों को अविश्वास की निगाह से देखते थे और वे सामाजिक परिवर्तन व लैंगिक और जातिगत रिश्तों में क्रांतिकारी सुधार के पैरोकार थे। आंबेडकर का यह मानना था कि केवल साम्राज्यवाद-विरोधी राष्ट्रवाद से स्वतंत्र, न्यायपूर्ण और समानता पर आधारित भारतीय राष्ट्र का निर्माण नहीं हो सकता। उनका यह मानना था कि केवल राष्ट्रवाद भविष्य के भारत को मज़बूत प्रजातांत्रिक और गणतंत्रात्मक नींव नहीं दे सकता क्योंकि राष्ट्रवादी अतीत पर गर्व करते थे और उसका गुणगान करते थे। अतीत के भारत के प्रति उनके इस आग्रह का अर्थ यह था कि स्वाधीन भारत में भी ब्राह्मणों के वर्चस्व वाली जातिप्रथा बनी रहेगी (बीएडब्ल्यूएस, खंड 9, 1990: 204-210)। इसी तरह, पेरियार भी राष्ट्रवादियों के शब्दाडम्बर से

प्रभावित नहीं थे और राष्ट्रवाद को धार्मिक जुनून के समान मानते थे। उनका कहना था कि पुण्यात्मा गांधी के नेतृत्व में, हिन्दू उच्च जातियों ने राष्ट्रवाद को एक तरह की आराधना में परिवर्तित कर दिया था। एकताबद्ध राष्ट्र के विचार को इतना पवित्र दर्जा दे दिया गया था कि उसकी समालोचना करना भी मुश्किल हो गया था और धार्मिक जोश और राजनीतिक भावनाओं के घालमेल के चलते, सामाजिक समानता के प्रति राष्ट्रवादियों के उपेक्षा भाव को औचित्यपूर्ण सिद्ध करना आसान हो गया था (केए, 24.9.1933)।

यह महत्वपूर्ण है कि पेरियार और आंबेडकर, दोनों ही, जाति और वर्ग की परस्पर अन्त:क्रिया के प्रति सचेत और संवेदनशील थे। सन् 1940 के दशक में दोनों ने ही भविष्य के भारतीय राष्ट्र-राज्य की कटु आलोचना की। पेरियार लगातार इस राष्ट्र-राज्य के 'ब्राह्मण-बनिया' चरित्र पर हमले करते रहे और 1940 के दशक में उनकी इस आलोचना में समाजवादी धार जुड़ गई। आंबेडकर ने भी लगभग यही किया, विशेषकर अपने भविष्यदर्शी लेख 'ए प्ली टू द फारेनर' (बीएडब्ल्यू एस खंड 9: 199-238) में।

परन्तु स्वतंत्र भारत के प्रति दोनों के दृष्टिकोणों में अन्तर था। आंबेडकर, कानून के राज के प्रति पूरी तरह प्रतिबद्ध थे और उन्हें ऐसा लगता था कि एक प्रजातांत्रिक गणराज्य में न्याय और समानता की स्थापना की काफी संभावनाएँ हैं। वे सामाजिक क्रांतिकारी होने के साथ-साथ राष्ट्र निर्माता भी थे। वे एक ऐसे एकीकृत भारत के निर्माण के पक्ष में थे, जहाँ जाति व्यवस्था की सत्ता पर संविधान, केन्द्रीय सरकार और संसद की सत्ता हावी होगी। उनका मानना था कि संविधान, केन्द्रीय सरकार और संसद, क्षेत्रीय और जातिगत संकीर्णताओं पर विजय प्राप्त करने में सक्षम होंगे। परन्तु जल्दी ही आंबेडकर के राष्ट्र और राज्य के निर्माण के प्रति पक्की प्रतिबद्धता का स्थान एक ऐसे क्रांतिकारी आदर्शवादी समुदाय के निर्माण के लिए प्रयासों ने ले लिया जो बुद्ध की शिक्षाओं पर आधारित था।

पेरियार, एकीकृत भारत के विचार से सहमत नहीं थे और उनका ज़ोर एक अलग, जाति-विरोधी गणतंत्र, द्रविड़स्तान के निर्माण पर था, जिसमें धार्मिक आस्था, पुरोहिताई, जाति और रीति-रिवाज़ों के लिए कोई स्थान नहीं होगा।

यद्यपि द्रविड़स्तान के निर्माण की परियोजना एक आदर्शवादी परियोजना थी, जिसे भविष्य में लागू किया जाना था, परन्तु इस कल्पना ने पेरियार के लिए भारतीय राष्ट्र-राज्य की अनवरत समालोचना करना संभव बनाया, विशेषकर उसके 'ब्राह्मण-बनिया' मूल की। यह दिलचस्प है कि अलग राष्ट्र की अपनी माँग के बावजूद, पेरियार, सुशासन के हितकारी लाभों से अनजान नहीं थे और उन्होंने स्वतंत्र भारत में के. कामराज के नेतृत्व वाली कांग्रेस सरकार को अपना पूरा समर्थन दिया क्योंकि उनका मानना था कि वह द्रविड़ों की बेहतरी और सामाजिक न्याय के प्रति प्रतिबद्ध थी।

'श्रमिकों का विभाजन' और 'जाति कर्मी'

आंबेडकर और पेरियार दोनों ने ही संप्रभुता की अवधारणा पर पुनर्विचार किया। दोनों ही यह मानते थे कि संप्रभुता, जनता में निहित है। इस मामले में आंबेडकर के विचार अधिक स्पष्ट थे। आंबेडकर का कहना था कि संप्रभुता, राष्ट्र-राज्य में निहित नहीं है और ना ही उन लोगों में निहित है, जो इतिहास में सक्रिय शक्ति के रूप में देखे जाते रहे हैं। आंबेडकर ने लचीली प्रजातांत्रिक प्रणालियों और संस्थानों के निर्माण का आह्वान किया और उनके महत्व को रेखांकित किया। इनमें संसद और कार्यपालिका शामिल हैं। पेरियार का ज़ोर तर्कसंगत विवेक पर था। उनका यह मानना था कि यह गुण हासिल करने का प्रयास सभी मनुष्यों को करना चाहिए। दोनों ही प्रजातांत्रिक रास्ते से समाजवाद की स्थापना के पक्ष में थे, क्योंकि समाजवाद ही सामाजिक रिश्तों को एक नया आकार देकर, न्यायपूर्ण समाज की स्थापना की गारंटी दे सकता था। जाहिर है कि ऐसी व्यवस्था का निर्माण केवल जनता ही कर सकती थी। परन्तु प्रश्न यह था कि इस परिवर्तनकारी परियोजना को जनता का कौन-सा हिस्सा कार्यान्वित करेगा।

एक समस्या यह थी कि दोनों ही 'जनता' की प्रचलित परिभाषा और अवधारणा के प्रति असहज थे। कांग्रेस का राष्ट्रवाद और कम्युनिस्ट, दोनों ही 'जनता' को जिस रूप में देखते थे, उसमें जाति के लिए कोई स्थान नहीं

था। वे जनता को अपनी जाति के एक हिस्से के रूप में नहीं देखते थे। दोनों के लिए 'जनता' की राष्ट्रवादी अवधारणा को खारिज करना आसान था परन्तु दोनों ही साम्यवादी एजेंडे की ओर आकर्षित थे, जो सामाजिक परिवर्तन में सर्वहारा को केन्द्रीय भूमिका देता था। वे श्रमिक वर्ग के आर्थिक शोषण से वाकिफ थे और इससे भी कि उनके बीच जातिगत विभिन्नताओं के चलते, उनमें वर्गीय चेतना के उभार की संभावना कम थी। पेरियार ने यह तर्क दिया कि कम्युनिस्टों को जाति कर्मी और वेतन कर्मी के बीच अन्तर करना सीखना चाहिए (विदुथलाई, 16.02.1940)। जाति कर्मी के लिए अपनी उन्नति को मापने का एक ही तरीका है और वह है कि जाति की सीढ़ी पर वह कितने पायदान ऊपर चढ़ा। वह स्वयं को एक श्रमिक के रूप में नहीं देखता।

आंबेडकर का कहना था कि जाति व्यवस्था, दरअसल, श्रमिकों का विभाजन है। इससे श्रमिक इस तरह के उत्पादक सम्बन्धों और प्रणालियों में फँस जाते हैं जो उसके श्रम का इस्तेमाल, अतिशेष मूल्य के सृजन के लिए करती है, परन्तु जाति के कारण श्रमिकों के लिए विकास की राह अवरुद्ध रहती है। भारतीय सन्दर्भों में किसी जाति विशेष में जन्म लेने के कारण श्रमिक अपने जीवीकोपार्जन के लिए क्या करेगा, यह पूर्व निर्धारित होता था और उसे वही काम करना पड़ता था, चाहे वह उसे करना चाहे या न चाहे और चाहे वह उसमें कुशल हो या न हो। विकल्प के इस अभाव के कारण श्रमिकों में एक विरक्ति भाव उत्पन्न हो जाता था। जाति व्यवस्था के कारण श्रमिकों में आत्मचेतना का अभाव रहता था और यह व्यवस्था केवल जाति कर्मियों का निर्माण करती थी, श्रमिकों का नहीं। अत: दोनों ही आश्वस्त थे कि सर्वहारा को परिवर्तनकारी भूमिका तब तक नहीं सौंपी जा सकती जब तक वह जाति का उन्मूलन करने के लिए तैयार नहीं हो जाता। आंबेडकर का कहना था कि जब तक श्रमिक वर्ग न्याय की भावना से चालित नहीं होगा, तब तक वह क्रांतिकारी नहीं बन सकता (बीएडब्ल्यूएस खंड 1, 1979 : 44-48)। इस तरह दोनों ने ही कम्युनिस्टों की श्रमिक वर्ग में आस्था की कटु और तीक्ष्ण आलोचना की। उनका कहना था कि श्रमिकों की भलाई की इच्छा रखने वालों में जाति के उन्मूलन के प्रति प्रतिबद्धता आवश्यक है। दोनों

जीवनपर्यन्त इसी विचार को प्रतिपादित करते रहे। एक तरह से वे ऐतिहासिक परिवर्तन के लिए एक आदर्श एजेंट की तलाश में थे।

इस सन्दर्भ में आर्थिक व्यवस्था के सम्बन्ध में दोनों के विचारों को समझना भी उपयोगी होगा। आंबेडकर, समाजवादी नियोजन के सोवियत मॉडल से प्रेरित थे और कल्याणकारी राज्य की अवधारणा उन्हें प्रिय थी। कल्याणकारी राज्य से उनका आशय विश्वव्यापी मन्दी के दौर के बाद के ग्रेट ब्रिटेन से था। लंदन में विद्यार्थी के तौर पर वे फेबियन समाजवाद से प्रभावित थे, जो राज्य से यह उम्मीद रखता था कि वह समाज में संसाधनों का न्यायपूर्ण बँटवारा करे। परन्तु आंबेडकर ने अपने इन विचारों में भारतीय सन्दर्भ में कुछ परिवर्तन किए। वे न्यायपूर्ण अर्थव्यवस्था, सोवियत संघ की तरह सामूहिक खेती और राजकीय स्वामित्व के उद्योग तो चाहते थे परन्तु इसके साथ ही वे यह भी चाहते थे कि अर्थव्यवस्था में निजी उद्यमियों के प्रयासों के लिए भी स्थान हो। वे चाहते थे कि राज्य विधानमंडलों और राजकीय सेवाओं में भर्ती में दलितों और शूद्रों के साथ सकारात्मक भेदभाव किया जाए [उनकी इस सोच का विस्तृत विवरण 'स्टेट एंड माइनोरिटीज़' में उपलब्ध है (बीएडब्ल्यूएस खंड 1, 1979 : 383-449)]।

पेरियार भी समाजवाद की ओर आकर्षित थे और सन् 1950 के दशक में उनके द्रविडर कषगम ने अपने श्रमिक संगठन की स्थापना की। यद्यपि पेरियार ने आर्थिक जीवन के सम्बन्ध में अपने विचार बहुत विस्तार से प्रस्तुत नहीं किए तथापि वे उत्पादक जीवन के महत्व को प्रतिपादित करते थे। वे चाहते थे कि औद्योगिकीकरण के ज़रिए देश की प्रगति हो और आंबेडकर की तरह, आरक्षण के ज़रिए राज्य के संस्थानों में गैर-ब्राह्मणों और दलितों की उपस्थिति को बढ़ाने के पक्षधर थे। स्वतंत्रता के पूर्व उन्होंने सूदखोरी को समाप्त करने, ज़मीन के पट्टे सम्बन्धी नियमों में सुधार करने और संपत्ति के न्यायपूर्ण वितरण की वकालत की। उनके आन्दोलन ने तमिल क्षेत्र की मन्दिर-आधारित कृषि अर्थव्यवस्था का विरोध किया। उनका कहना था कि मन्दिरों में रहने वाले 'पत्थर के पूँजीपतियों' का विरोध उतना ही आवश्यक है जितना कि आधुनिक पूँजीपतियों का (विदुथलाई, 21.08.1947)। द्रविड़स्तान

की अपनी माँग के सन्दर्भ में पेरियार ने भारत में 'बनियों' की निर्णायककारी भूमिका का विरोध किया। यह मानने का कोई कारण नहीं है कि आगामी वर्षों में उन्होंने आर्थिक दृष्टि से न्यायपूर्ण समाज के निर्माण के अपने स्वप्न को त्याग दिया था, यद्यपि उन्होंने उसे कोई विशिष्ट आकार या राजनीतिक स्वरूप नहीं दिया।

असीम करुणा और अस्तित्ववादी शंका

पेरियार और आंबेडकर के दृष्टिकोण और उनके तर्क, उन ऐतिहासिक परिस्थितियों के सन्दर्भ में विकसित हुए थे जो उनके समय में थीं और जिन्हें वे बदलना चाहते थे। इस तरह, उनके आसपास की दुनिया के प्रति उनकी प्रतिक्रियाएँ, तत्कालीन सन्दर्भों पर आधारित थीं। वे विवादित थीं, उत्पादक थीं, दार्शनिक थीं और विचारात्मक थीं। वे दोनों उस आदर्श क्षितिज की ओर देख रहे थे, जिसके प्रकाश में वर्तमान को तोला और पुनर्निर्मित किया जा सके। आंबेडकर के लिए यह आदर्श था स्वतंत्रता, समानता और बंधुत्व और अन्ततः 'मैत्री' की बौद्ध परिकल्पना। पेरियार यह मानते थे कि मानव में इतना विवेक है कि वह चीज़ों को समझ सके, उनका आकलन कर सके और न्यायपूर्ण समाज की स्थापना कर सके। एक में असीम करुणा थी तो दूसरा अस्तित्ववादी शंकाओं से ग्रस्त था। इसलिए वे अपने समय से जुड़े रहे, यद्यपि उन्होंने उनके काल द्वारा उन पर थोपी गई सीमाओं के आगे समर्पण नहीं किया। आंबेडकर और पेरियार, अपने मतभेदों और अपनी निर्विवाद समानताओं के चलते, दलित और शूद्र समुदायों द्वारा आधुनिकता को अंगीकार करने के प्रतीक हैं और उनकी विश्वदृष्टि से आकर्षित व्यक्तियों, विशेषकर वे, जो जाति व्यवस्था के शिकार हैं, के लिए प्रेरणास्रोत है। दोनों ही अब इतिहास हैं परन्तु हमें उनके विचारों को याद रखना चाहिए और उनके विचारों की ऐतिहासिक संभावनाओं और आदर्शवादी चरित्र की पड़ताल करनी चाहिए।

सन्दर्भ

इस लेख में उद्धृत पेरियार के विचार, उनके आन्दोलन द्वारा प्रकाशित तमिल साप्ताहिकों कुदीअरासू, पुडुवईमुरासू और विदुथलई में प्रकाशित लेखों पर आधारित हैं। इनका तमिल से अनुवाद वी. गीता व एसवी राजादुरई ने किया है।

बाबासाहेब अंबेडकर : राइटिंग्स एंड स्पीचेज़, खंड 1 (1979); 3 (1987); 5 (1989); 7 (1990); 9 (1990); 15 (1997); 17 भाग 1 और 3 (2003), शिक्षा विभाग, महाराष्ट्र शासन।

व्ही. गीता और एस.वी. राजादुरई, 'टूवर्ड्स ए नॉन-ब्राह्मिन मिलेनियम : फ्रोम ज्योति थास टू पेरियार', साम्य, 2008 (द्वितीय संस्करण)।

एस व्ही. राजादुरई, 'हिन्दू-हिन्दी-इंडिया', 1993 मनीवासागर पथीपगम।

सुरडकर, संतोष, 'द एंटी-खोत मूवमेंट इन द डेक्कन, 1920-1942', वीवी गिरी नेशनल लेबर इंस्टीट्यूट, 2013।

तेलतुम्ड़े, आनन्द, 'महाड़ : द मेकिंग ऑफ द फर्स्ट दलित रिवोल्ट', प्राईमस बुक्स, 2016।

ज़ेलियट एलेनोर, 'अंबेडकर्स वर्ल्ड द मेकिंग ऑफ़ बाबासाहेब एंड द दलित मूवमेंट', नवायन, 2013।

परिचय

पूजा सिंह

जन्म : 1 जुलाई, 1983। समतामूलक समाज के स्वप्न के साथ 10 वर्षों से पत्रकारिता में सक्रिय पूजा सिंह नेटवर्क 18, तहलका से जुड़ी रही हैं। इन्होंने आदिवासी, स्त्री और वंचित वर्ग के मुद्दों पर विशेष रिपोर्टिंग की है।

कँवल भारती

जन्म : 4 फरवरी, 1953। प्रगतिशील आम्बेडकरवादी चिन्तक और आज के सर्वाधिक चर्चित व सक्रिय लेखकों में से एक हैं। इन्होंने कई महत्त्वपूर्ण किताबों का अनुवाद भी किया है। 'आरएसएस और बहुजन चिन्तन' 'दलित साहित्य की अवधारणा' 'स्वामी अछूतानन्द हरिहर संचयिता' आदि उनकी प्रमुख पुस्तकें हैं। कैथरिन मेयो की चर्चित किताब 'मदर इंडिया' का इन्होंने हिन्दी अनुवाद किया है। उन्हें 1996 में डॉ. आंबेडकर राष्ट्रीय पुरस्कार तथा 2001 में भीमरत्न पुरस्कार प्रदान किया गया।

ललिता धारा

मुम्बई के डॉ. आंबेडकर कॉलेज ऑफ कॉमर्स एंड इकोनॉमिक्स के सांख्यिकी विभाग की अध्यक्ष रही हैं। उन्होंने कई शोधपूर्ण पुस्तकों का लेखन किया है, जिनमें 'फुलेज एंड विमेंस क्वेश्चन', 'भारत रत्न डॉ. बाबासाहेब आंबेडकर एंड विमेंस क्वेश्चन', 'छत्रपति शाहू एंड विमेंस क्वेश्चन', 'पेरियार एंड विमेंस क्वेश्चन' व 'लोहिया एंड वीमेनस क्वेश्चन' शामिल हैं। इसके अतिरिक्त सावित्रीबाई फुले के पहले काव्य संग्रह का उनका अनुवाद भी 'काव्य फुले' शीर्षक से प्रकाशित है।

टी. थमराईकन्नन

पेरियारवादी सामाजिक कार्यकर्ता टी. थमराईकन्नन 'कात्तारू : वैज्ञानिक संस्कृति का तमिल प्रकाशन' की सम्पादकीय-व्यवस्थापकीय टीम के संयोजक हैं। उनकी संस्था 'कात्तारू' नाम से एक तमिल मासिक पत्रिका का प्रकाशन भी करती है।

वी. गीता और एस.वी. राजादुरै

पिछले 25 वर्षों से संयुक्त रूप से लेखन व अनुवाद का कार्य करते रहे हैं। उन्होंने पश्चिमी मार्क्सवाद पर कई प्रबन्धों का लेखन भी किया है, जिनमें एन्टेनियो ग्राम्सी के जीवन और विचारों पर केन्द्रित एक विशद् ग्रंथ शामिल है। राजादुरै और गीता इन दिनों कविताओं व कथा साहित्य का अंग्रेजी से तमिल में अनुवाद करने में संलग्न हैं।

देविना अक्षयवर

जन्म : 22 जून, 1985। मॉरीशस में जन्मीं देविना अक्षयवर ने नई दिल्ली के जवाहरलाल नेहरू विश्वविद्यालय (जेएनयू) से 'समकालीन स्त्री उपन्यास-लेखन में राजनीतिक चेतना (1990-2010)' विषय पर पीएच.डी. की उपाधि हासिल की है। डॉ. गणपत तेली के साथ 'आधुनिक भारत के इतिहास लेखन के कुछ साहित्यिक स्रोत' (2016) पुस्तकों का सह-सम्पादन किया है। विभिन्न राष्ट्रीय तथा अन्तर्राष्ट्रीय पत्र-पत्रिकाओं में इनके समीक्षात्मक रचनाएँ एवं लेख प्रकाशित होते हैं।

वी. गीता

दक्षिण भारत की प्रमुख स्त्रीवादी इतिहासविद, लेखक और अनुवादक हैं। जाति, शिक्षा, स्त्रीवाद और समकालीन तमिल समाज पर अंग्रेज़ी और तमिल में लेखन करती रही हैं। इन्होंने एस.वी. राजादुरै के साथ मिलकर 'टुवर्ड्स, अ नॉन-ब्राह्मिन मिलीनियम : फ्रॉम अयोथी थास टू पेरियार' शीर्षक किताब लिखी है।

❂❂❂